中华文化元素
ZHONGHUA WENHUA YUANSU

冯天瑜　姚伟钧　主编

节庆
JIEQING

萧　放　著

長春出版社
国家一级出版社
全国百佳图书出版单位

图书在版编目（CIP）数据

节庆 / 萧放著． — 长春 ：长春出版社，2016.12
（中华文化元素丛书 / 冯天瑜，姚伟钧主编）
ISBN 978-7-5445-4684-3

Ⅰ．①节… Ⅱ．①萧… Ⅲ．①节日－风俗习惯－中国
Ⅳ．①K892.1

中国版本图书馆 CIP 数据核字（2016）第 282220 号

节　庆

著　　者：萧　放
责任编辑：李春芳
封面设计：王国擎

出　　版：長春出版社　　　　总编室电话：0431-88563443
地　　址：吉林省长春市建设街 1377 号　　　　发行部电话：0431-88561180
邮　　编：130061
网　　址：http://www.cccbs.net
制　　版：长春出版社美术设计制作中心
印　　刷：吉广控股有限公司

开　　本：787 毫米 ×1092 毫米　1/16
字　　数：135 千字
印　　张：16
版　　次：2016 年 12 月第 1 版
印　　次：2016 年 12 月第 1 次印刷
定　　价：58.00 元

总　序

一

由别具慧眼的长春出版社策划的本丛书，以蕴含中华文化元素的诸事象为描述对象，试图昭显中华文化的特质、流变和前行方向。

“元”意谓本源、本根，“素”意谓未被分割的基本质素，合为二字词“元素”，原为化学术语，本义是具有相同核电荷数（即相同质子数）的同一类原子的总称，如非金属元素氧（O）、金属元素铁（Fe），是组成具体自然物——氧化铁（Fe_2O_3）的基本质素。

作为化学术语的汉字词“元素”，由日本江户时代的兰学家宇田川榕庵（1798—1845）在所著《植学启原》（1834）和所译《舍密开宗》（1837）

中创制，是对荷兰语 grondstof 的意译。清末来华的美国长老派传教士丁韪良（1827—1916）在《格物入门》（1868）中创汉字词“原质”，意译同一西洋术语（英文为 element）。清末民初，汉字词“元素”自日本传入中国，逐渐取代“原质”。1915 年，中国科学社董事会会长任鸿隽（1886—1961）在《科学》杂志第一卷第二号上发表《化学元素命名说》，为中国较早使用“元素”一词的案例。[①]

在现代语用实践中，“元素”这一自然科学术语被广为借用，泛指构成事物的基元，这些基元及其组合方式决定事物的属性。“文化元素”指历史上形成并演化着的诸文化事象中蕴藏的富于特色、决定文化性质的构成要素。

本丛书论涉的“中华文化元素”，约指中华民族在千百年的历史进程中（包括在与外域文化的交融中）铸造的具有中国气派、中国风格、中国韵味的基本质素，诸如阴阳和谐、五行相生相克、家国天下情怀、民本思想、忧患意识、经验理性导引下的理论与技术、儒释道三教共弘的非排他性信仰系统、区别于拼音文字的形义文字及其汉字文化，等等。它们生长发育于中华民族生活方式、思维方式的运行之间，蕴藏于器物文化、制度文化、行为文化（风俗习惯）和观念文化的

①聂长顺，肖桂田：《近代化学术语元素之厘定》，《武汉大学学报》（人文科学版）2010 年第 6 期。

纷繁具象之中，并为海内外华人所认同。

二

文化的各个不同级次、不同门类包含着各具个性的中华元素。如水墨画的书画同源、墨分五色，武术的技艺合一、刚柔相济、讲究武德，园林的天然雅趣和“可居可游可赏”追求，民间风俗文化涵泳的吉祥、灵动、热烈、圆满，建筑中使用“中国红”（体现生命张力）、中轴线、对称与不对称美感，等等。

汉字及汉字文化是中华元素的一个案例。

世界各种文字都是从象形文字进化而来，多数文字从象形走向拼音，而汉字则从象形走向表意与表音相结合的“意音文字”，近有学者将汉字归为“拼义文字”，即注重语义拼合的文字：首先创造多个视觉符号作为表达万象世界的基本概念，然后将这些符号组合起来，用小的意义单位拼合成大的意义单位，表达新事物、新概念。①

自成一格的汉字创发于中国，是世界上仅存的生命力盎然的古文字，它主要传播于东亚，成为东亚诸国间物质文化、制度文化和精神文化互动的语文载体。在古代，中国长期是朝鲜、

①张学新：《汉字拼义理论：心理学对汉字本质的新定性》，《华南师范大学学报》(社会科学版)2011 年第4期。

日本等东亚国家的文化供给源地；至近代，日本以汉字译介西方文化，成效卓异，日制汉字词中国多有引入。汉字在汉字文化圈诸国所起的作用，相当于拉丁文在欧洲诸国所起的作用，故有学者将汉字称为“东亚的拉丁文”。汉字是中华文化系统中影响最为深远广大的文化符号。

20 世纪初，日本学者内藤湖南（1866—1934）提出“中国文化圈”概念，指以中国为文化源及受中国文化影响的东亚地区，日本是“中国文化圈的一员”，他在《中国上古史》中说：“所谓的东洋史，就是中国文化发展的历史”，是以汉字为载体的中国文化在东亚地区传播的历史。①此论阐发了汉字这一中华元素在东亚文化圈的重要意义。

中国人在 20 世纪 30 年代即对日本学者提出的东洋文化史观做出回应，傅斯年（1896—1950）在 1933 年著《夷夏东西说》，概括东亚文化的特别成分：

> 汉字、儒教、教育制度、律令制、佛教、技术。②

这是中国学者对东亚文化圈的要素即“中华元素”做出的提取。

承袭内藤说，日本的中国史学家西嶋定生

①［日］内藤湖南：《中国上古史》，《内藤湖南全集》卷十，东京：筑摩书房，1997 年。
②傅斯年：《夷夏东西说》，《中央研究院历史语言研究所集刊》外编第一种，1933 年。

(1919—1988)在二战后所著《东亚世界与册封体制——6—8世纪的东亚》中指出，东亚世界存在一个以中国为册封中心，周边诸国(日本、朝鲜)为册封对象的“册封体制”，从而提出东亚地区的一种“文化圈”模型。西嶋定生在《东亚世界的形成》中概括汉字文化圈的诸要素(或称“中华元素”)：

> 一、汉字文化，二、儒教，三、律令制，四、佛教等四项。其中，汉字文化是中国创造的文字，但汉字不只使用于中国，也传到与其语言有别又还不知使用文字的邻近诸民族……而其他三项，即儒教、律令制、佛教，也都以汉字作为媒介，在这个世界里扩大起来。①

1985年，法国汉学家汪德迈在《新汉文化圈》一书中论述“汉文化圈”的特点：

> 它不同于印度教、伊斯兰教各国，内聚力来自宗教的力量；它又不同于拉丁语系或盎格鲁-撒克逊语系各国，由共同的母语派生出各国的民族语言，这一区域的共同文化根基源自萌生于中国而通用于四邻的汉字。②

①[日]西嶋定生：《东亚世界的形成》，参见刘俊文主编，高明士等译：《日本学者研究中国史论著选译》第二卷，中华书局1993年，第88页。

②[法]汪德迈：《新汉文化圈》，陈彦译，江西人民出版社1993年，第1页。

这里着重表述"中华元素"之一种——汉字的功能，汉字深刻影响东亚人的思维方式和表达方式，使汉字文化圈成为一个有着强劲生命活力的文化存在。

三

"中华元素"并非凝固不变、自我封闭的系统，它具有历史承袭性、稳定性，因而是经典的；具有随时推衍的变异性、革命性，因而又是时代的，2008 年北京奥运会开幕式表演突显四大发明，2010 年上海世博会中国馆采用中国红，皆为古老的中华元素的现代展现；中华元素是在世界视野观照下、在与外域元素（如英国元素、印度元素、日本元素、印第安元素）相比较中得以昭显的，故是民族的也是国际的，是中国的也是世界的。美国好莱坞动画片《功夫熊猫》《花木兰》演绎中华元素并获得成功，便是一个例证。

文化元素并非游离于文化事象之外的神秘存在，它们从来都与民族、民俗、民间的文化实践相共生，始终附丽并体现于器物、制度、风俗诸方面的具体文化事象和文化符号之中。中华元素之于文化事象，如魂之附体，影之随形，须臾不可分离。从诸文化事象（如江南园林、八大菜系、春节中秋等节庆、书画篆刻、昆曲京剧、武当少林功夫）的生动展现中提取中华元素的魂魄，昭显大众喜闻乐见的文化符号（如深蕴和谐精义的太极八卦图，代表四方、四季的“四灵”——青龙、白虎、朱雀、玄武，代表中央的麒麟）包蕴的精义，是本丛书的使命。

本丛书由阐发体现中华元素的若干文化事象（如园林、饮食、节庆、书画、宫殿、戏曲、服饰、汉字、武术、钱币、宗族、书院、姓名、茶等）的系列作品组成。

中华元素是构建当代中国文化及其核心价值体系的基本成分之一，是塑造国家形象、提升国民精神的重要资源。开掘并弘扬中华元素，有助于加深中国文化对国人的感召力、亲和力，增强历史敬畏感和时代使命感，提升民族自信心和文化传承创新的自觉性。

抉发中华元素还有一层意义：通过蕴藏中华元素的文化事象、文化符号，彰显可亲可敬的中国风格，奉献给异域受众，增进国际传播，推动中国文化“走出去”。

本丛书的选题及其撰写沿着“即器即道”的文化史路数，避免一味虚玄论道，也不停留于文化现象的就事论事，而追求道器结合——于形下之器透现形上之道，又让形上之道坐实于形下之器，使中华元素从文化事象娓娓道来的展示中得以昭显。

冯天瑜

2016 年 10 月

于武汉大学中国传统文化研究中心

前　言

时间如风，来去无踪；星移斗转，天道无穷。时间的神秘流动，曾使古代民众对宇宙造化有着神奇的感受，“天何言哉，四时行焉”，四时的轮转将无限的时间纳入了有限的循环。于是，时间也就有了可触的质感。在传统社会里，民众眼中的春夏秋冬不仅是自然时序代换的标志，而且是生命机体变化的符记，人们从保护与发展自身出发，对自然时序的变化感受极为明显，由此形成了种种周期性的保障通过的岁时仪式。中国民众将抽象的不可逆的时间，转换为具体的重复出现的日常生活，以有声有色的节庆礼仪作为时间段落的界标。本书通过岁时的流转寻绎中国民众对时间的体验，四时八节不仅仅是喜庆的代称，同时它也是民众信仰、愿望、情感的聚焦与时间生活的指南。

中国独特的地理环境、生计方式与人文传统，催生了中国民众特有的时间观念，这种时间观念的表述方式就是“岁时”。岁时是一种套合概念，它是年度周期的岁年与春夏秋冬四个季节的配合，即古人所说“四时成岁”的意思。岁时是古代中国人对时间的感受，以及对时间进行切分操作的人文符记。它是依据自然变化的规律提炼出来的时间系统。汉魏以后随着社会经济的发展，人们认知水平的提升，世俗生活时间日益受到关注，人们在传统的岁时祭礼的时序基础上逐渐扩充、更新、形成岁时节庆体系。

这种以自然岁时为时间主干的节日体系与西方社会以宗教时间观念为基础的节日体系有着明显的差异。中国的节日服务于农业社会的时间节奏，春种夏长秋收冬藏的自然农业节律，影响着中国人的节日分布，其中春秋二季是传统节日的重点时段。以欧洲为主的西方社会的节日虽然在起源阶段同样与自然时序关系密切，但由于宗教影响的深刻与教会势力的强大，宗教时间观念很早就替代了人们的自然时间观念，宗教时间体系全面进入人们的日常生活，教堂的钟声成为人们日常生活时间的标志，欧美的节日体系属于宗教节日体系。我们看到中国的节日体系中虽然有信仰的因素，但遵循的是自然时间进程，所谓阴阳二气变动下的四季轮换。欧美的节日体系虽然在形成初期有自然的依据，但在浓厚的宗教观念之下，它完全被纳入宗教时间范围，宗教性节日是主导社会的传统节日。

传统中国岁时节日在年度时间中的分布错落有致，它依循民众的农业社会生产与生活节律。对于这种时间节律背后的动因，中国传统观念认为是阴阳二气的运动变化，因此在节日体系形成初期，阴阳观念是形成节日的重要依据。重要节日都分布在一、三、五、七、九月中，而且是月日重合，如一月一日（元旦）、三月三日（上巳）、五月五日（端午）、七月七日（七夕）、九月九日（重阳）等。阴阳调和是中国人固有的吉祥标志，对于两个阳数相重的时日，人们保持警惕与戒心。人们认为阳盛日是时间流程中的危险日、恶日、灾难日。由此我们看到这些节日背后往往都有一个死亡、分离或者灾难的传说，这类节日传说事实上是古代时日禁忌的文学讲述。随着人们生存能力的逐渐提高，人们在时间观念上逐渐脱离阴阳观念的制约，岁时节日也逐渐脱离死亡灾难等危险情绪，而形成庆祝欢愉的节俗主题。六朝以后，元旦迎新，上巳春嬉，端午竞渡，七夕牛郎织女相会，重阳赏菊荐寿等，还增加了中秋为八月节。中秋节一开始就以吉祥节日出现，它是传统节日主题发生重大调整的标志。

唐宋时期城市经济的发展，在遵循传统岁时

的时间框架下，衍生了许多世俗节日。《东京梦华录》中记录北宋都城东京的民俗节日：正月，元旦、立春、元宵；二月，中和节、八日祠山圣诞、花朝节；三月，上巳、清明节、东岳圣帝诞辰;四月，皇太后圣节（初八）、皇帝圣节（初九）;五月，端午节；六月，崔府君诞辰（六月六日）;七月，七夕、七月十五;八月，中秋;九月，重阳;十月，十月一、十月十五;十一月，冬至;十二月，腊八、祀灶、除夜，共有二十多个节日。我们再看看八百年后晚清帝都的节日，《燕京岁时记》记载：正月，元旦、祭财神、破五、人日、顺星、打春、灯节、筵九、打鬼、填仓；二月，初一祭太阳、二日龙抬头、春分、清明;三月，东岳诞辰、潭柘寺庙会；四月，佛诞日、妙峰山庙会；五月，端阳、都城隍庙会、南顶庙会；六月，六月六日、祭关帝、中顶庙会；七月，七月七日、中元；八月，中秋;九月，九月九;十月，寒衣节;十一月，冬至；十二月，腊八、祭灶、除夕，共有三十多个节日。比较宋代与清代这两大都城岁时节日，我们看到后代较前代添加了不少小的节日段落，但节日主干依然没有变化。从岁时节日对日常时间切分的角度看，宋代都市时间基本上与农业地区传统岁时一致，晚清都市时间已经明显突出城市生活节奏，如北京庙会频繁。节日时间的重点也有所变化，宋代重视元旦、清明、冬至，各放假七日；清代重视元旦、端午、中秋，称为三大节。在传统社会，节日是重要的时间坐标，百姓不仅在节日中充分表达自己的信仰与情感，同时人们对日常生活、生产的安排也以节日为时间点。如人们常说岁末年初、清明前后、仲夏端午、节届中秋等，年度时间的记忆中，普通百姓通常不会记住事件发生在几月几号，他们会记得是在端午节前或重阳前后等，节日是普通人重要的时间坐标与生活事件的提示。在少数民族地区，传统民族节日地位更为重要，它的节期选择是根据民族生产生活节奏与历史文化传统确定的。少数民族节日往往是地方社会或族群信仰、社交、娱乐与贸易的重要表达时机，节会庆典成为少数民族的重要文化标志。

近代以来，传统节日经历了坎坷的命运，传统节日一度几乎被主流社会全部废弃；所幸21世纪以来，在民族醒觉意识之下，借助联合国保护非物质文化遗产的契机，在政府主导下，传统节日得到复兴与重建。清明、端午、中秋获得与春节一样的公共假日。传统节日的回归不仅是中国人理所当然地享受自己的传统文化，同时也是为世界传承文化遗产。我们传统节日的精神基础是儒家所倡导的和谐，强调有差异的多样性的和谐，所谓“和而不同”。这样的理念如果伴随着中国传统节日进入世界人民的心中，对世界人民来说，将是一笔宝贵的人类文化财富。我们应该有一种开放的胸襟，汲纳世界先进文化，同样也有责任向世界奉献我们民族的优秀文化。

事实上，我们接受了很多外来的生活方式与文化观念，中华文化在吸收异域文化中得以不断的丰富与完善。比较而言，我们对世界文化的贡献相对较少，以前只讲“四大发明”的世界贡献，而在精神文化与社会文化方面对欧美的影响说得不够。我们今天应该充分利用中国在世界上的经济地位与影响，将包括传统节日文化在内的优秀中华文化推向世界，让世界人民了解中国的文化，进而增进他们对中国人行为方式与内在情感、价值观的理解与认知，从而减少相互的隔膜与猜忌。事实上，中国传统节日文化在对当地文化环境进行适应性变化之后是有被其接受的可能，而文化就是这样一个流动地适应、变化与变异成新的形式的过程。如春节在巴黎、纽约、温哥华等欧美城市成为一年一度的大型文化节，参加者不仅有华人华侨，而且当地政府也出面组织相关活动，市长致辞，并参加游行活动。春节成为当地观光旅游项目。春节等传统节日让世界人民能够分享我们中国人的快乐，能够认识文化生态多样性的重要，认识到我们中华民族的温厚与崇高。

当然，文化有其特定的价值内涵，它是民族立身之本，从传统立场看，人们轻易不许你触及它，也是最难走向世界的。但在全球化的今天，在一个文化重组与创新的时代，它又是最容易被人们感知的。文化是相互联系的，这种联系将来也会愈来愈密切。人们在文化联系中互相接触、认知不同体系的文化。多一种文化样式，人们就会多一种文化选择，所以对于今天或明天的世界来说，各文化间的相互包容与相互欣赏是一种时代潮流。我们应该把握时机，以文化传承与文化创新辩证结合的观点，认真研讨我们的文化影响战略。我们既不能以文化安全的名义，拒绝外来文化，也不能以文化开放的名义，屈身投靠，失去自己的根基。

我们应该注意传统节日的意义有内外的不同：在文化内部，我们强调它在传承民族文化传统、增强民族凝聚力、构建和谐社会方面的意义与功用；在文化外部，我们应该从文化关系看，看它在世界文化网络中的位置，它能够向世界提供什么样的参照与文化发展的启示，或者就是一个文化展示的意义。我们觉得自己的节日是一个文化传统，但对多数非中华文化主体的人来说，更多的是一种新奇与多样化文化样式之一，就像我们看待西方的圣诞节一样。当然，我们还是应该在宣传我们的传统节日时尽量提倡我们的价值观。我们在考虑中国传统节日的世界意义时，最实际的策略是从中华民族文化资源开掘、整理、继承、改造方面下功夫，将具有普适性价值、适于向外扩展影响的文化事象提炼出来，以影像展示、仪式行为、物品装饰等进行世界宣传。所以我们应该充分重视发挥传统节日的文化载体功能，向世界昭示中华文明与文化。这些理念的实现，又要靠具体而微的节日事象实现，比如节日仪式、活动、节日礼品、食品、纪念品、玩偶等标志物都应该细心琢磨设计，让无形的非物质文化有可欣赏、能触摸的物质载体。这样的节日才能持久打动人心，一如西方情人节的玫瑰，中国七夕的巧果、中秋的月饼同样有自己的滋味与寄托。北京中秋的兔儿爷也可以漂洋过海成为欧美人士欣赏的东方幸运神偶。让传统的中国节日更适合全球化时代变化的需要，更贴近人性，更能服务于家庭与社会。

目　录

目 录

第一章　春之期待

春天为一岁之首，倚傍立春节气而形成的岁首元日——春节，人们在这一新春的节庆中团聚、祭祀、娱乐，将缅怀与期待、人伦与理想都融汇在一个个生动的春节民俗事象中。元宵是新年的第一个月圆之夜，新年升起的第一轮明月总是能够激发人们的欢快情绪。社日是古代农业中国的盛大节日，它起源于土地崇拜，也祈求着人类的繁衍。清明是传统中国的三大悼亡节之一，同时也是自然与社会政治的时间象征，暖风佛面，天地清明。

第一节　春　节

“新年来到，大家欢笑；闺女要花，小子要炮，老婆子要吃新年糕，老头子要戴新呢帽。”这首民国初年之后以至近代以前流行于华北的岁时民谣，为我们的日常生活带来了许多温情与热闹。春节是中国的第一传统大节，它是历代岁首节庆习俗的交融与复合。

“爆竹一声除旧，桃符万户更新。”在冬尽春来、新旧交接的时节，人们迎来春节这一盛大的民族节日，春节是新生的节日，是欢快的节日，喜庆祥和是现代春节的主题。

作为新年的“春节”，在 1911 年辛亥革命以前称为新正、元日、元旦、正旦、三元日等。自汉武帝颁行《太初历》【图 1-1】始，新年就定在夏历的正月初一，此后历代相沿。辛亥革命以后为了改封建正朔，打破王朝纪年，在时间上与世界同步，于是推行西历，使用公元纪年。由于夏历合乎农时，便于民生，因此农历与公历并行，并将公历一月一日定为元旦，旧历的正月初一称为春节。

其实，春节本来并不指岁首，古代的春节为立春之节。立春是二十四节气的首节，它是迎春的节日。立春在传统社会里是一个非常重要的节日，农业是民生的主业，农业有很强的季节性，春天对于传统社会的民众来说是充满生机与希望的时节，“一年之际在于春”。古代帝王为了表示对天时的尊重，在立春到来之前的三天，即开始斋戒，“立春之日，天子亲帅三公九卿、诸侯大夫以迎春于东郊”（《礼记·月令》）。在基层社会有“鞭春”的习俗，鞭打土牛的仪式一般由地方官员主持，以显示政府对时间的把握及对农功的督导。

农历是阴阳合历，人们在历法创始时就注意岁年与时令的配合，“以闰月定四时成岁”。由于用闰月的方法，弥补了历年与太阳年的岁差，所以农历岁年与四时节序基本上是同步循环，就是说新的年度周期的开始，即新一轮季节循环的开端。这样，立春与岁首或前或后相差不过几天，新年适逢立春的时节比较少见，俗有“十年难逢初一春”之说。但立春与新年毕竟在同一时段，而民俗又重新年，所以人们在

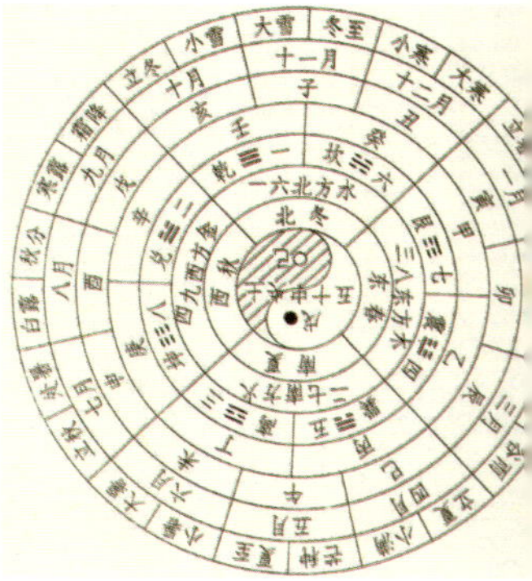

图 1-1 汉武帝颁行的《太初历》

庆贺新年的同时喜迎新春。天时与人时即自然时序与人文时序交融，因此说现代的春节包括了近代以前的立春与岁首两大节日，而这两大节在民间很早就有了交涉与勾连，所以用春节称谓新年可谓名正言顺、合情合理。

春节是中华民族的大节，除了汉族以外，还有诸多少数民族也过春节，如满族、蒙古族、鄂温克族、回族、土族、侗族、瑶族、壮族、白族等都有春节。春节有着悠久的历史与丰富的文化内涵，它凝结着中国人的伦理情感、生命意识、审美趣味与宗教情怀，年节仪式是民族文化传统的集中展示，人们在享受着年节文化的同时也表演着民族的节日文化。民族文化正是在节日这一特定的时空设置中得到传承与弘扬。

广义的春节包括年前岁后两个部分，在这岁时循环的转换时节，驱旧与迎新构成传统春节的两大主题。以岁首为线，岁前驱邪除秽，岁后迎新纳福。这种时段的切分是基于民众传统的时间观念。

一　送旧年

在中国民众的传统时间观念中，时间类似生命机体，它有善有恶，有生有死。岁时循环以年度为周期，循环不是追随旧轨的重复，而是新一轮的循环，中国民众有着较强的更新意识，旧的不去，新的不来。因此，在岁末年根举行一系列严肃的仪式将旧年送走。

1. 腊日与腊八

传统的年节从腊日开始，腊日在魏晋以前日期不固定，根据王朝的行运而定，盛日为祖，衰日为腊，如汉朝火德，火衰于戌，故以十二月戌日为腊。南朝时腊日已定在十二月初八。腊日在古代主要是祭祀百神之日，它来源于丰收后的赛神狂欢活动。孔子的学生子贡目睹了腊祭盛况，“一国之人皆若狂”。当时行周历，以十月为岁末，因此丰收之庆与改岁之喜合而为一。汉代改用夏历，十二月为岁末，腊祭与丰收祭在时间上已经脱离，“腊，接也，新故交接。”接近立春的腊日虽一如既往地祭神、祭祖，但人们的注意力主要集中在逐除以迎新春的傩仪活动上。

驱疫行傩的时间或在腊前一日、或腊日、或除夕之前，是整个腊月的主题活动。在驱疫的仪式中有两类法器必不可少，即鼓与面具。鼓在古代是撼天动地的神器，鼓声如雷，而雷是上天的特定语言，“动万物者，莫疾乎雷”（《周易·说卦传》），鼓声是对雷鸣的巫术模拟，腊鼓召唤着春天。南朝梁代荆楚地方民谚云：“腊鼓鸣，春草生。”村民在腊日这天都敲起细腰鼓，戴上异形面具，“及作金刚力士以逐疫”。（《荆楚岁时记》）以咚咚腊鼓驱送旧岁的习俗在中原得到传承，在河南濮阳一带，腊八傍晚，许多村落要擂起大鼓，有的从此日开始，每天击鼓直至除夕。

面具在傩仪中有着神异的意义，驱傩活动的参加者只要戴上称为胡头或戏头的变形面具，他们就不再被当作常人，在这一神圣的仪式中，他们代表神的力量，以驱除疫鬼。周人四时行傩，傩仪模拟战斗的方式，一人扮方相氏，身蒙熊皮，头戴四只眼的黄色面具，上身穿黑色的衣服，下身着红色的裤子，执戈扬盾，率领上百个扮十二神兽的仆隶，鼓舞而行，“索室驱疫”。

东汉驱傩的场面更为壮观，方相氏持钺，巫觋操桃木帚，十岁以上十二岁以下童子一百二十人，人人头扎红头巾，身穿皂色衣，手持桃弓棘箭，击鼓呼噪，逐射群鬼，“以除疾疫”。甚至动用上千的骑士，传递火炬将疫鬼驱入洛水之中。这是宫中的岁末大型傩仪。

民间的年终傩仪，虽没有皇家如此气派，但同样隆重、热闹。先秦“乡人傩”，孔子朝服而观。晋朝时荆州人因驱傩发生斗殴，荆州刺史不得不派军人维持秩序。可见民间驱傩的规模也不小。南北朝以后，驱傩活动逐渐渗入了游戏的性质，如南朝梁人曹景宗腊月借“邪呼逐除”的机会，“遍往人家乞酒食”。

宋朝岁末驱傩称为“打野胡”或“打夜胡”，它的得名显然是来源于驱傩的鼓噪邪呼。这时的傩仪已渐变为傩戏【图 1-2】，每至腊月，乡村、都市都有人例行舞傩，贫者还扮成神鬼模样，敲锣击鼓，以此为岁末乞讨的方式。这时仍具有驱疫的意义。明清时期傩舞的表演性更强，宗教意义趋淡，但它始终具有驱辟疫邪的原始意味。近代以来驱傩仪式逐渐少见。

腊八是年节的前奏，腊八过了就意味着进入年节阶段。腊八这天人们要吃应节令的腊八

图 1-2 宋大傩图
北京故宫博物院藏

图 1-3 腊八粥

粥【图 1-3】，腊八粥因此又有“报信儿的腊八粥”之说。

关于腊八粥的来历有种种传说，影响最大的是纪念佛祖成道的传说。传说佛祖释迦牟尼为了拯救世间的苦难，探寻解救人生痛苦的方法，放弃了安逸的王宫生活，到处苦行修炼，经常挨饿，终于有一天由于长途跋涉疲劳过度，又饥又渴，晕倒了。幸得一位牧羊女路过，将随身所带的杂米与泉水调煮成粥，给他食用。释迦牟尼吃完这碗粥，顿时精神焕发。他谢过牧羊女，继续苦心钻研，打坐修行，终于大彻大悟，得道成佛。成佛这天就是十二月初八。佛门弟子为了纪念佛祖成道以及牧羊女舍粥救佛祖之恩，腊八日在佛教寺庙熬煮腊八粥，供奉佛祖，以示纪念。然后将粥分给穷人充饥御寒，施舍给众人食用，以示大慈大悲之意。因此腊八粥又名为“佛粥”。

当然腊八食粥，并不仅是佛教的影响，事实上中国古代有冬至以赤豆粥祭神的习俗。腊八在冬至之后，将冬至粥移为腊八粥十分自然，就如夏至粽子移到端午节一样。由佛教传说与佛门腊八施粥情况看，十二月八日正好与佛祖成道日合一，这样腊八节俗就多了一份人文宗教的节俗要素，因此腊八跟以前的原始腊祭有了一定的区别，构成了后世腊八驱邪与纪念佛祖双重意义。

还有传说，朱元璋出来当皇帝之前，将乞讨来的各色米豆等，合煮一锅粥食用，后来人们认为这样的杂拌粥能带来好运，因此大家都在腊八吃这种米粥。

腊八粥作为节令食品最早出现的时代很难确考，但从文献记载看，隋唐文献中找不到有关腊八粥的记载，宋朝之后却屡见于史籍，可见腊八粥至少在宋代已经十分流行。《东京梦华录》说北宋开封府十二月初八日，“诸大寺作浴佛会，并送七宝五味粥与门徒，谓之‘腊八粥’。都人是日各家亦以果子杂料煮粥而食也”。北宋寺院、民间都有腊八食粥的习惯。南宋临安，寺院称十二月初八为“腊八”，寺院制作的五味粥，名为“腊八粥”(《梦粱录》卷六)。

元朝人仍将腊八说是佛家的节日，“是月八日，禅家谓之腊八日。煮红糟粥，以供佛饭僧。”看来佛教在宋元以来对传统节日产生了相当的影响。元大都的官员、百姓腊八同样吃红色的腊八粥，名为“朱砂粥”。(《析津志·岁纪》)明清时期腊八节无论寺院、宫廷、民间都吃腊八粥。吃腊八粥的时间是在腊八的早上，《帝京景物略》记载，明代北京“是日，家效庵寺，豆果杂米为粥，供而朝食”。清代北京腊八日在雍和宫施粥，北京雍和宫是清代皇家寺庙，雍和宫有两口大锅，据说每口锅可熬二三十石米。雍正皇帝曾经派人在雍和宫用大锅煮腊八粥，每年十二月初五六开煮，初八日进粥内廷，分送各王公大臣品尝。

腊八粥作为传统的节令食品，它有特定的食物配方与烹制方法。《武林旧事》记载了宋代杭州腊八粥的配方，寺院、人家都用胡桃、松子、乳蕈、柿、栗等烹制腊八粥。腊八粥的原料为米与果品，掺入的果品越多越好。明朝宫中的腊八粥烹制方法是在腊八前的数日，将红枣捶破泡汤，到腊八早上，加入粳米、白果、核桃仁、栗子、菱米煮粥。(刘若愚《酌中志》卷二十)民间虽然没有宫中讲究，但同样“杂五谷米并诸果，煮为粥，相馈遗”。(《宛署杂记》卷十七）清代北京家家煮腊八粥，腊八粥与明朝类似，用黄米、白米、江米、小米、菱角米、栗子、红豇豆、去皮的枣泥等，合水煮熟，再用染红桃仁、杏仁、瓜子、花生、榛子、松子，以及白糖、红糖、葡萄干等，以增色提味。这些腊八粥的食料其实都有民俗寓意，桂圆象征富贵团圆，百合象征百事和睦，红枣、花生比喻早生贵子，莲子心象征恩爱连心，核桃表示合合美美，桔脯、栗子象征大吉大利，等等，人们以此期盼未来生活的美好。

2. 送灶

腊月除了借集体力量驱恶逐邪外，民家还通过扫除屋尘、照虚耗、沐浴、理发等方式除旧迎新。即使是世间正神，在改岁之际，也得回归上界，对于这些神灵自然不能以武力驱赶，最好的方式是礼送出境，让他们离开世间，返回天庭。腊月二十四是送百神的日子，宋人在这天要备茶果、烧纸钱送神，包括灶神在内七祀诸神及百神都在礼送之列，似乎此一任期届满，新年重授新职。

其中祭送灶神最为隆重，虽然灶神形象由老妇人变为灶王爷【图 1–4】，祭祀日期由腊八改为小年（腊月二十三或二十四），但民间祭祀热情不减，至今部分乡村农家仍在中堂上供有

图 1-4 灶王爷

“东厨司命”的神位。

近世祭灶花样翻新，不仅要以酒醉司命、灶粘沾嘴，还要为灶神上天准备灶马、草料。河南唐河旧时送灶神，不仅由主祭家长将雄鸡献给灶神作灶马，而且还准备两套黄纸马，一套送灶神上天时用，一套在元日黎明时焚化，以作为迎灶神回宫之马。关于祭灶习俗，后文有专门论述，此不详述。

3. 扫尘

“二十四，打扬尘”。送走灶王爷，人们该清扫、洗涮，干干净净迎新年了。

自腊月二十三、二十四日灶神上天起，“俗谓百无禁忌”。平时人们对于屋内清扫是小心谨慎的，唯恐触犯神灵，现在将居家的灶神等送走了，人们难得一任意清扫的机会。

扫尘，是年终除旧迎新的仪式之一；它同样是岁末的时空净化仪式，人们尽量将屋内上下、四壁角落、柜顶柜底清扫干净。清洁屋宇的扫尘虽然是实际的卫生行为，但在古代民众岁时生活中它是祭祀活动开始前必须进行的空间净化活动，具有清洁、净化人居空间的象征意义。在重视祭祀礼仪的周朝，清洁斋戒是必备的环节。东汉《四民月令》记：“前除二日，齐馔扫涤，遂腊先祖五祀。”在除夕前两天，人们斋戒扫除洗涤，为腊祭准备。魏晋隋唐未见年节扫尘的记载，依照常理，大年会有房屋清洁行为，大约人们重视驱傩，还没有将扫尘视作年节民俗仪式。

南宋在“月穷岁尽之日”，士庶人家，“俱洒扫门闾，去尘秽，净庭户，换门神，挂钟馗，钉桃符，贴春牌，祭祀祖宗”（《梦粱录》卷六）。明清时期扫尘一般集中在腊月二十四送灶神之后，民间说灶神上天，家中清扫无所顾忌。清代苏州称为“打埃尘”，又称“除残”，时间在二十三日、二十四日及二十七日。蔡云《吴歈》云：

> 茅舍回春事事欢，屋尘收拾号除残。
> 太平甲子非容易，新历颁来仔细看。
>
> （《清嘉录》卷十二）

就是说岁末扫尘注意历书中对时日的规定，如果历书中有土神用事，就不能清扫，须在此日之前清扫完毕。一般来说二十四日是无忌日，所以民间都在此日清扫，不须另看黄历。

北京人在送灶神后，扫除祠堂屋舍，糊裱窗格。天津宝坻称扫尘为“扫舍”，以此为“除旧更新”之法。未扫之前，先祷告说：“土地奶奶躲躲儿，扫了房子供果儿。”如果是祭灶之后，就没有这个顾虑了。江西新城人以二十五日为“小年”，小年前后扫屋尘，有丧之家不扫除，不爆竹。福建与台湾人在腊月二十四诸神上天后，举行拂尘活动，拂尘又称扫年，家家大搞清洁卫生，重点是厨房，从灶台、锅盖、菜厨到门窗，将污垢清洗干净，以逐除家中一切晦气。闽台人通常用新扫帚作为拂尘的工具，并在上面贴红纸，以求吉祥。福建漳平人还要特意上山采一种“扫豚西”的灌木枝，绑在竹竿上，专门用来打扫天花板、屋檐等处。拂尘后，人们往往吃猪血滑菇粉，以清除吸入体内的灰尘。广东阳江人将竹枝或甘蔗尾叶绑在长竹竿上扫屋尘。竹枝扎帚寓意长寿，蔗尾叶则是“一年甜到尾”的象征。

有的地方是在祭灶前或同一天扫尘。为了解释这一节俗，民间传说，说灶王爷将日常见到的家户言行都记在烟尘蛛网等账簿中，上天时灶王要带着这些记录给玉皇大帝汇报。人们为了让灶王爷没有依凭，就以扫尘的名义将这些灶王账册尽行扫去。无论怎样理解扫尘习俗，民间都将环境清洁作为空间净化的一个环节。

在山东滕县、莱阳、招远等地，人们腊八节打扫卫生。据说，这天神仙离位，鬼神不忌。腊八与腊月二十三、二十四是进入大年的不同起点，以扫尘作为驱邪的动机则具有同一意义。

4. 洗疚疾

沐浴祛秽是旧时年节的主要习俗之一。在年节过渡仪式中，为了将过渡时间变成特殊的净化阶段，人们不仅以驱邪、送神的形式实现时空净化，就是人体自身也需要洁净，以除旧迎新。除日前人体洗浴、去秽习俗，来源于上古祭祀前的斋戒沐浴。关于年节沐浴的文献资料较少，古代官员有休沐制度，民间情形较少被记载，估计年前沐浴的习惯会有较长的历史。

《帝京岁时纪胜》记载了清代民间岁暮沐浴的习俗，时间一般在腊月二十七、二十八日。北京俗谚："二十七，洗疚疾；二十八，洗邋遢。"这种俗谚在今天的湖北东部仍然流行，人们禁忌腊月二十九日洗澡，俗谚有："二十九，洗老狗。"湖北西部鹤峰人在除日"浴身"，称为"洗隔年尘"，也称"洗邋遢"。土家族人在腊月二十八将被子、衣物全部洗干净，全家老少用艾蒿煎水洗澡。

江苏常州人在腊月二十六日洗澡，称为"洗福禄"，二十七日夜浴，"谓洗啾唧，祓除之意也"。清人赵怀玉《洗啾唧词》云："吁嗟世苦不知足，不洗啾唧洗福禄。安得清泉万斛流，缰锁尘心一湔濯。"（《亦有生斋诗集》）在赵氏看来，仅洗身躯形体还不够，不如来万斛清泉，一洗心胸，带着清新的精神迎接新年。

旧时北京人在年三十晚上洗好澡，特别是商铺的小伙计和帮工、徒弟，他们一定要在年三十晚上吃祭神酒之前洗好，即使一年不洗澡，年三十的澡必洗。人们洗澡不仅是卫生，更是祭祀的需要，大年洗澡意味着洗去一年的寒酸、一年的尘垢、一年的霉气。年三十这天，北京城的大小澡堂，照例天一放亮就开始营业，一直忙到午夜过后，年初一五更天才"下吊挂"，上板休息。（《增补燕京乡土记》）

岁末人体的清洁行为是一道必备的仪式，除了洗浴之外，还有剃年头，俗谚："有钱无钱，剃头过年。"在岁末一定要剃好年头，干净过年。因此年根岁末，大小理发店到处爆满，旧时有剃头挑子上门服务，虽然手艺不是十分精巧，但的确方便。旧俗正月是不能剃头、理发的，传说如果剃发，就会死舅舅。因为有这样的禁忌，民间一直等到二月二龙抬头后，才开始剃头。我们今天在北方还能看到这样的习惯。

在岁末阶段，人们可以通过沐浴及其他袪秽方式，使自己面目一新、干干净净、清清爽爽迎接新年的到来。

二　团年、守岁

1. 年夜饭

交年之后百神上天，人们忙着筹办大年的团圆饭。年三十是旧年的最后一天，所谓"月穷岁尽"，也是新年的前夕，是除旧迎新的重要时间界点，人们的一切活动都围绕这一主题展开。首先是团聚，人们在年节无论多忙甚至很远，都要放下工作，回家过年。民间有这样的俗语："有钱没钱，回家过年。""一年不赶，赶年三十晚。"

对于那些因故不能回家的人来说，他们会有一种漂泊的感觉，有一句唐诗很能透露这种心情："一年将尽夜，万里未归人。"

中国人的年夜饭是家人的团圆聚餐。这顿一年中最丰盛的晚餐，是人神共进的晚餐。逝去的各位亲人都被主人一一招呼、请回。只有等各位先人用过年夜饭之后，人们才开始享用。

年夜饭，又叫年羹饭、年更饭、分岁筵、团年饭等。明清时期“合家聚饮”称为“分岁”或“团年”。明代北京人在二十四日祭灶后，各家皆蒸点心，储备肉类，准备20天的食品消费。三十日岁暮，即互相拜祝，名为“辞旧岁”，“大饮大嚼，鼓乐喧阗”以庆贺。（《酌中志》卷二十）在杭州，于上祀祖先之后，“家人父子群聚欢宴，祝颂而散，谓之分岁”。

传统的年夜饭，菜肴充满寓意。《金陵岁时记》记载了南京人除夕的“十景菜”，人们以酱姜、瓜、胡萝卜、金针菜、木耳、冬笋、白芹、酱油干、百页、面筋十种，细切成丝，以油炒之，谓之“十景”。还有干马齿苋做的安乐菜、黄豆芽做的如意菜等，都取其吉祥之义。苏州人年夜饭，俗称“合家欢”。在年夜饭的菜肴中同样也有安乐菜，不过它是用风干的茄蒂杂拌其他果蔬做成。人们吃年夜饭，下箸必先此品，以求吉祥。周宗泰《姑苏竹枝词》云：“妻孥一室话团圞，鱼肉瓜茄杂果盘。下箸频教听谶语，家家家里合家欢。”（《清嘉录》卷十二）中国南方地区的年夜饭有两样菜不可少：一是有条头尾完整的鱼，象征年年有余；二是丸子，南方俗称圆子，象征团团圆圆。旧时山区穷人弄条鱼过年不容易，有的地方就要用一条雕刻的木鱼代替。现在有人发明了新的年鱼菜，这就是糯米为原料的糍粑鱼【图 1–5】。糍粑鱼不仅形象生动，而且味道甜美。

在闽南，年夜饭是家庭亲情、希望的集中表达，许多食品是特地为过年而做，有象征意义，一些菜品不可少且不可不吃：韭菜，韭菜是新春尝新之物，也是初春祭祀神灵的时新供品。后代重视“韭”与“久”谐音，寓意年寿长久。家人拥炉围桌而坐，长辈念着“韭菜春，吃有剩（春）”，带头先吃一撮韭菜，全家跟着动箸吃韭菜，边品尝佳肴，边互相祝福，其乐融融。这大约是《诗经·豳风·七月》中上古岁末“献

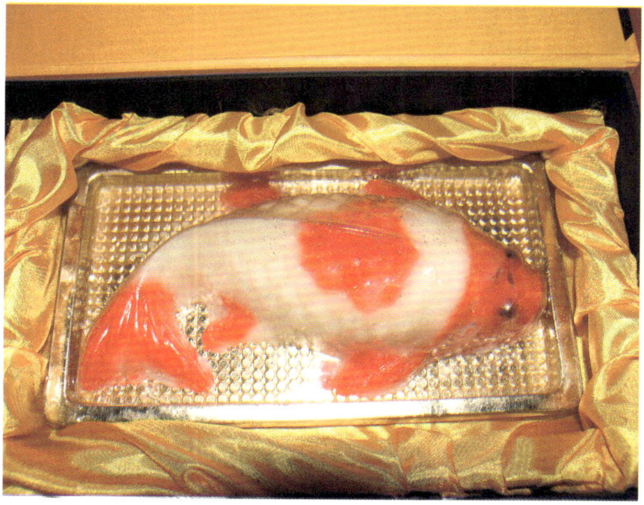

图 1–5 糍粑鱼

羔祭韭”场景的现代版；豆腐，“豆腐”与“斗富”谐音，寓意丰裕富足，民间有“韭菜春，豆腐福”之说；芥菜或菠菜做的长年菜，表示长寿；萝卜，闽南语叫“菜头”，与“彩头”谐音，寓意好兆头；竹笋，寓意节节高；肉圆（丸）、鱼圆（丸）加上家人团圆，合称“三圆”；还有用整只鸡做年夜饭的菜肴，闽南语“鸡”与“家”谐音，表示全家福；油炸品寓意兴旺，等等，不胜枚举。饭后来些甜品，寓意生活甜蜜；吃些柑桔，寓意吉祥如意；啃些甘蔗，寓意节节甘甜、步步高升。旧俗，还将蚶壳撒放于门后或床下，同时念：“掖（撒）蚶壳钱，明年大趁（赚）钱”，到初五才扫出，象征明年发财、金银满屋，此俗今已少见。

传统北京人的年夜饭中必定有荸荠，谐音“必齐”，就是说家人一定要齐整。年饭菜肴求吉的象征意义在很早就有了，记得汉朝应劭的《风俗通义》佚文中说过，秦朝人过年一定要吃兔子的膑骨，谁吃到了，谁就获得吉兆，意味着人们在下年可免膑刑之灾。有的地方年夜饭禁吃鸡肉，“鸡”谐音“饥”，说这时吃鸡，来年就会闹饥荒。

年夜饭中酒肉自然是基本的饮食内容。“相聚酣饮”是人们过年的场景，古代人的年酒必定在冬季酿好，称为腊酒；年肉也是冬至之后腌制的腊肉，祭过祖先、社庙后的猪头，是年饭的主食肉品。传统社会的杀猪过年，就是为了人神的共享。

年夜饭当然有南北的地域差异，南方除了菜肴外，要吃糍粑或年糕。北方一般吃饺子，饺子是一种以面皮包馅、形如半月或元宝形的面食。饺子是北部中国的典型民俗食品，人们认为“好吃不过饺子”。饺子在中国起源很早，它可能是从馄饨食品中分化出来的节日食品。半月形的馄饨大约就是后世饺子的前身。馄饨是中国古代冬至年节的节令食品，正月初一作为岁首后，冬至的节令食品也就迁移过来，作为岁首的应时食品。饺子最早出现时间，大约是南北朝时期，现今通过考古发现可以证明唐朝已经享用饺子美食，1972 年新疆吐鲁番阿斯塔那墓发现了饺子实物，虽然这肉馅饺子已经完全风化，坚硬如石，但饺子的花边仍清晰可见。饺子在元明时代称为“扁食”，清代称为“饽饽”，除夕包水饺，称为“煮饽饽”。宝坻乡下民谣云：“夏令去，秋季过，年节又要奉婆婆。快包煮饽饽。皮儿薄，馅儿多，婆婆吃了笑呵呵。媳妇费张罗。”（《乡言解颐》卷四）街市人除夕辞岁后就休息，五更起来，祀神烧纸，吃水饺；乡村人则终夜不睡，五更烧纸，吃了煮饽饽便睡，说这样就会一年安饱。饺子成为北方大年的标志食品，一方面因为饺子本身的美味，在生活并不富裕的传统社会，普通人平日难得吃上一顿白面大馅的饺子，所以过年饺子被认为是最好的食品。另一个更重要的原因是，饺子具有文化象征意义，饺子是时间变化的象征物，在民俗观念中，新旧年度的时间交替在午夜子时（大致相当于零点前后），在除夕与新年交替之际，全家吃饺子以应“更岁交子”时间，表示辞旧迎新。又因为白面饺子形状像银元宝，一盆盆端上桌象征着“新年大发财，元宝滚进来”之意。

包饺子【图 1–6】也有讲究，大多数地区习惯保持传统的弯月形。这种形状在包制时，是把面皮对折后，用右手的拇指和食指沿半圆形边缘捏制而成，要捏细捏匀，谓之“捏福”。有的农家，把捏成弯月形的饺子两角对拉捏在一

图 1–6 包好的饺子
（董媛提供）

起，呈“元宝”形，摆在盖帘上，象征着财富遍地，金银满屋。也有的农家，将饺子捏上麦穗形花纹，像一棵棵颗粒饱满、硕大无比的麦穗，象征着新的一年会五谷丰登。但更多的是把饺子包成几种形状，预示着来年能财满屋、粮满仓，生活蒸蒸日上。包好饺子后，饺子的摆放也有许多民俗，年三十的饺子不能乱放，俗话说：“千忙万忙，不让饺子乱行。”山东人用圆形器皿盛放饺子，从中间开始，中间是元宝形的大饺子，然后围绕着它一圈圈摆放，称为“圈福”。各地年节摆放饺子的民俗虽然不同，但祈求吉祥的心情则一样。

年夜饭的时间，现代一般在除夕的晚上，但也有例外，如湖北地方年夜饭不一定在晚上吃，有的还在早上吃团年饭。鄂东黄冈人大都如此，笔者幼时经常清早起来吃年饭，现在返乡过年，还常在梦中就听到乡邻人家早上吃团年饭的鞭炮声。鄂西竹山曾经有相当多的鄂东黄州府移民，他们保持本乡吃年饭的习惯，当地俗传：“鸡不叫，狗不咬，半夜团年黄州佬。”说的就是这一情形。在湖北等地除夕一般要做好几天的饭食，称为“宿岁饭”“压甑饭”或“隔年陈”，表示粮食富余，新陈相续。苏州人也做隔年饭，煮饭时盛新竹箩中，放红橘、乌菱、荸荠等果品及元宝糕，并在上面插松柏枝，陈列中堂，到新年时蒸食，“取有余粮之意，名曰年饭”。

2. 压岁钱

吃完年夜饭，就发压岁钱。压岁钱是小儿新年最盼望的礼物，有一首诗形象地记述了清代杭州小儿获得压岁钱的欢乐情景：“百十钱穿彩线长，分来枕角自收藏。商量爆竹饧箫价，添得娇儿一夜忙。”（吴曼云《压岁钱》）

压岁钱，年俗节物之一，又称押岁钱、压祟钱、守岁钱等。除夕夜吃完年夜饭，长辈要给小辈压岁钱，以祝福晚辈平安度岁。压岁钱相传起源较早，但真正流行是在明清时期。压岁钱有特制钱与一般通行钱两种。特制的压岁钱是仿制品，它的材料或铜或铁，形状或方或长。宋人王黼《宣和博古图录》：钱形长而方，上面龙马并著，俗谓佩此能驱邪镇魅。钱上一般刻有“吉祥如意”“福禄寿喜”“长命百岁”等。

明清时期通常用流通的银钱作压岁钱。这种压岁钱，有直接给予晚辈的，有的是在晚辈睡下后，放置其床脚或枕边，意义在于压胜。清代宁波人钱沃臣《压岁钱》诗注中说，俗以五色线穿青钱，排结花样，送给儿童压胜，名为“压岁钱”。“老人分岁浑无事，手数孙曾压岁钱。”北京人除了尊长赐给小儿压岁钱外，还用彩绳穿钱，编作龙形，置于床脚，给家人压岁。河南小儿通常将压岁钱系于腰间，称为“压腰钱”。湖北小儿则以红绳穿大钱挂于胸襟，称“压岁钱”。钱数多少不一，在苏州以红绳缀百钱作为长辈给小儿的压岁钱。杭州民俗：“儿童度岁，长者与以钱，贯用红，置之卧所，曰压岁钱。”（《江乡节物诗》小引）以五色线或红绳串铜钱压岁【图 1–7】，它强调的是压岁钱的祝福意义。同时由于这时用流通的制钱给小儿压岁，因此压岁钱给小儿带来了自主消费的愉悦，这种情形恐怕是明清以后才有的新现象，它开启了压岁钱由信仰功能向节日经济功能转变的趋势，这是值得注意的民俗变化动向。

明朝宫中除夕在床上悬挂金银八宝、西番经轮，或者编结黄钱如龙形。这都是压岁之物。跟压岁有关的还有压岁盘、压岁果子，苏州人

图 1–7 清代压岁钱
北京民俗博物馆藏

团年后以糕点果品互相馈送，称为“压岁盘”；将橘子、荔枝诸果品放置于枕边，称为“压岁果子”。元旦时食用，取其谐音“吉利”，以求新年好运。

民国以后，各钱铺年终特别开红纸零票，以备人们于压岁钱支用。当时还流行用红纸包一百文铜元，寓“长命百岁”之意；给已成年的晚辈压岁钱，红纸包的是一枚大洋，象征“财源茂盛”“一本万利”。使用现代纸钞票后，家长们则喜欢选用号码相连的新钞票，预兆着后代“连连发财”“连连高升”。而红纸包钞票，这种压岁钱称为“利市红包”。旧时压岁钱是由家长给自己的子孙，现在亲戚朋友也给孩子压岁钱，而且压岁钱的分量越来越重。

压岁钱原本的意义是表达长辈给晚辈的祝福，它既是喜庆的贺岁之礼，也是长辈给予幼儿以保护力量。人们依靠家族的集体力量共度年关。它的象征意义远超其实际价值。如果我们比谁给的压岁钱多，并以此作为收受年礼的手段，那它真正是对民俗的背离，甚至还会变成一种人情负担,或者成为不良之人受贿的借口。

3. 守岁

年夜饭后，各家闭门守岁，全家人围坐在火炉旁边，拉家常，聊未来，谈天说地，一直聊到五更天明，迎来新岁。人们在辞旧迎新的除夕，以通宵不寐的形式守候新年的到来，称为“守岁”。

守岁的习俗在中国有近两千年的历史，晋朝人周处《风土记》中说到蜀地年俗，年末人家相互馈送年节礼物，称为“馈岁”；相互宴请，称为“别岁”；除夕通宵不眠，称为“守岁”。这是现今看到关于守岁习俗的最早记载。但这时守岁似乎还是地方性年俗，隋唐之后，守岁成为全国的共同年俗。唐朝有不少咏唱守岁的诗篇，杜甫《杜位宅守岁》诗云：“守岁阿咸家，椒盘已颂花”；唐太宗也有《守岁》诗为证，“共欢新故岁，迎送一宵中”。这种欢乐度岁的场面在宋代依然，“儿童强不睡，相守夜喧哗”（苏轼《守岁》）。孟元老在《东京梦华录·除夕》中记载当时都城开封：“士庶之家，围炉团坐，达旦不寐，谓之守岁。”

明清以来守岁的习俗依然热闹而有趣味，家人团坐是守岁的主要形式。明代北京人“聚坐食饮”，人们一直坐到天明。清代北京人“高烧银烛，畅饮松醪，坐以达旦，名曰守岁”。守岁的目的是祈求长命。因为是整晚不睡，人们要打起精神强坐，所以在北方俗语中称为“熬年”。民间为了阻止人们除夕睡觉，还形成了一种禁忌，说如果这晚睡觉，第二年身体就不好。守岁是为了强固身体，延年益寿。在古代守岁还是为父母或老人祈寿的重要方式，因此一般人都坚持守岁。

如今守岁习俗还很普遍，不过人们大都不守到天明，而是在零点新年钟声之后，才上床休息。从古迄今，人们一直将守岁作为辞旧迎新的重要过程。守岁是对旧岁的辞别与对新年的守望。守岁民俗主要表现在以下方面：

岁火与灯烛。除夕夜，灯火通宵不灭。即使再节约的人，除夕也要在庭院、屋中燃起岁火，点亮灯烛，为家人守岁祈福。其中大年夜的岁火十分重要，岁火，也叫燎火、旺火、松盆、年火莵，它起源于古代驱邪的需要。民间曾经流传着年兽的说法，说有一个名叫“年”的怪兽，经常在除夕夜出来吃人。人们为防止它的侵害，就紧关大门，同时因为年兽害怕红色的灯火，所以人们在门口挂上红灯笼，在庭院点燃红红的火焰，这样就保证了家人的安全。这则民间传说有着隐秘的文化含义，它其实是古代先民对过渡时间的一种看法，表达了人们在时间变换中的紧张与不安定的感觉。在漆黑的大晦之夜，人们以热闹的灯火驱走黑暗，迎接新年黎明的到来。后来除夕守岁烧火点灯成为除夕守岁的重要景观。民间向有“三十的火，十五的灯”的俗谚。

南朝荆楚地方此时“爆竹、燃草”以避山鬼。

隋唐守岁燎火兴旺，成为太平盛世的点缀。明清时期称为“烧松盆”，明代北京人三十夜，用松柏枝与柴杂烧于庭院中，以祈福助兴。杭州曾是宋室南迁的都城，它的岁时文化融合南北，明代杭州仍然是著名的游赏地。除夕夜杭州烧松盆的景象非同寻常，架起齐屋高的松柴，举火焚之，“烟焰烛天，烂如霞布”。清代苏州乡农人家除夕夜在门首架松柴，呈井字形，齐屋高，然后举火焚之，以火焰高为吉。传统年节中也有“燃草”迎年的，陕西合阳新年凌晨在院中“焚草爆竹”，以接天神。

在山西产煤区，人们在年节要点“旺火”，旺火用上等焦炭垒成佛塔状，中间放置引火的木柴。除夕夜大家各自在门前点起旺火，光焰升腾的旺火代表了主人庆祝祈福的心情。

三　迎新年与祖先祭祀

1. 爆竹迎年

“爆竹声中一岁除”，正月初一凌晨，新年来到，人们开门鸣鞭燃烛迎接新年。伴随除夕守岁的是爆竹与焰火，喜爱热闹是中国人的天性，在送旧迎新的日子里，人们尽情地燃放烟花爆竹。

新年爆竹起源于原始宗教信仰，人们以此驱邪祈福。民俗认为，鞭炮等响声，能驱赶鬼邪，所以有的地方称为“惊鬼”。中国人爆竹迎年的历史已近两千年。公元 6 世纪中叶成书的《荆楚岁时记》已经记载：正月一日，“鸡鸣而起，先于庭前爆竹”，以驱逐山怪恶鬼。当时真的是爆竹，方法是将竹筒置于火中烧烤，竹筒受热膨胀，最后爆出声响。

直到唐宋时期仍然采用这种爆竹方式。唐朝人张说在《岳州守岁》诗中说到这种天然爆竹，“桃符堪辟恶，竹爆妙惊眠”。宋人范成大《爆竹行》记述了当时吴地爆竹鸣放的情形，为我们保留了生动的民俗资料：“岁朝爆竹传自昔，吴侬政用前五日。食残豆粥扫罢尘，截筒五尺煨以薪。节间汗流火力透，健仆取将仍疾走。儿童却立避其锋，当阶击地雷霆吼。一声两声百鬼惊，三声四声鬼巢倾。十声百声神道宁，八方上下皆和平。却拾焦头叠床底，犹有余威可驱疠。”

宋代除了传统的天然爆竹外，还出现了火药爆竹。据《东京梦华录》记载皇帝在宝津楼观赏“诸军百戏”时，“忽作一声霹雳，谓之‘爆仗’”。年节中明确记录使用爆仗的是《武林旧事》，在该书“岁除”中说：至于爆仗，有做成果子、人物等不同样式。而宫廷将爆仗做成屏风式样，外面画着钟馗捉鬼的场景，内藏药线，一连有百余响。这是一种花色奇巧的鞭炮，并且它将鞭炮驱逐鬼邪的意义也鲜明地体现出来。

这种火药爆仗的出现是爆竹的革命性变化，它不仅有霹雳的雷声，而且有硝烟散出。爆仗散出的硝烟有消灭空气中病菌的功效，所以人们在瘟疫发生的时候，经常要燃放爆竹。

明清时期火药爆竹更加流行，人们除了以爆竹驱傩外，还用它来送神、迎神，以及接待拜年客。爆竹的声响增添节日气氛。明朝皇室从腊月二十四开始，直到次年正月十七日止，每日白昼在乾清宫前放花炮，遇大风则暂停半日、一日。皇帝升座，花炮伺候，皇帝回宫也放大花炮送归。民间大约放不起这样的花炮，但鞭炮是要放的，明代杭州除夕，“爆竹鼓吹之声，远近聒耳”（《熙朝乐事》）。清代北京除夕“爆竹声如击浪轰雷，遍乎朝野”【图 1–8】。天津南皮除夕日，爆竹驱疫，门前燎火，花炮呼噪，人们齐声叫道：“大户无忧，小户无忧，清平世界，百姓无愁。”（光绪《天津府志》）苏州过年，锣鼓敲动，街巷相闻。送神之时，多放炮仗，炮仗有单响、双响、一本万利等名。还有一种成百上千的小爆竹编在一起的长鞭，响声不绝，名为“报旺鞭”。这些鸣鞭的活动，苏州人称为“过年”，是为了答谢神灵一年的保佑，亦称“谢年”。

近代以来，乡村春节鞭炮是年俗必有的项目，鞭炮的多少反映了主人家的实力与心情，

图 1-8 清代姚文瀚《岁朝欢庆图》
台北故宫博物院藏

假如过年没有爆竹声，人们就会觉得心里空荡荡的。20 世纪 90 年代初，北京等许多城市以安全、卫生等名义禁止燃放烟花爆竹。城里人要放爆竹需要到城郊或农村；禁放爆竹的城市，春节冷冷清清，很多城里人感叹，没有年味。可喜的是 2006 年前后，上海、北京等城市相继改变了春节城市禁止燃放鞭炮的规定，以有限禁放（规定时间、规定地点），代替了此前的完全禁放的规定，给广大市民燃放烟花爆竹庆祝春节的机会。城市乡村春节因为有了鞭炮而热闹非凡。当除夕午夜零时中央电视台春节联欢晚会新年钟声敲响时，全国进入鼎沸状态，举国上下烟花飞舞、鞭炮齐鸣，一向矜持的中国人此刻融入狂欢世界。

2. 桃符春联与门神年画

“一元复始，万象更新”，在新岁之初，人新物新事事新，一切都在更新之中。大门是人们进出的通道，也是家与外界的联系点与分隔点，因此门口是人们着意标新的地方。

桃板、桃符以及后来普遍出现的春联是新年大门的重要饰物。宋代以前门口悬挂的是桃符，桃符上写有辟邪祈福字样，桃符一年更换一次。宋代大政治家王安石有诗为证：“爆竹声中一岁除，春风送暖入屠苏。千门万户曈曈日，总把新桃换旧符。”（《元日》）随着时代的变化，人们要表达的意愿越来越多，在桃符上的字也就越写越长，逐渐形成了对仗工整的吉祥联语。于是出现了春联这一新年门饰。相传五代后蜀国主孟昶是第一幅名联的作者，由他撰写的“新年纳余庆，嘉节号长春”的联语，开创了春联这一雅俗共赏的文学新体裁（敦煌文书中虽然发现有类似后世春联对仗工整的文字，但是否为年节春联，还难确定）。古代还有一种“宜春帖”，原来是立春时写的单句的吉利话，贴在门楣上。这也是春节贴春联的来源之一。明朝之后，过年贴春联成为普遍的民俗习惯。

春联的最初起源虽然是在唐末五代，但以纸写联语普及社会的时代应该是在明清时期。清人陈尚古《簪云楼杂说》记载，明太祖朱元璋特别重视过年贴春联，在定都金陵之后，除夕之前，传旨公卿士庶家，“门上须加春联一幅”。明太祖微服出行，见一人家没有贴春联，经询问，原来是一个阉猪的，他还没有请人写春联。明太祖一高兴，就挥笔写下了如下联句：“双手劈开生死路，一刀割下是非根。”这虽然属于民间传说，但也说明明朝春联比以前普及。明人刘侗有“东风剪剪拂人低，巧撰春联户户齐”的诗句即是明证。

在清代随着春联习俗对民众生活影响的深入，迎新春联替代了桃符，所以《燕京岁时记》说：“春联者，即桃符也。”光绪《德安府志》云，除夕“家家大门贴神荼、郁垒，曰门神，并以红笺书吉语，曰春联”【图 1-9】。从桃符到春联，不仅仅是物质形态的变化，其实也是社会精神演进的标志。桃符重在驱邪，春联意在求吉，形制的变化也反映了民众心态的变化。

图 1–9 清代北京年画《神荼 郁垒》

清代北京从进入腊月开始，就有文人墨客在市场店铺的屋檐下，摆开桌案，名曰“书春”“书红”“借纸学书”“点染年华”等，一些读书人借给人书写春联，赚些润笔钱。在祭灶之后，人家就开始陆续粘挂，“千门万户，焕然一新”。

苏州人岁暮时节，更换春帖。“吴俗每逢改岁，必更易红笺，以吉语书门。”这一习俗传承到晚清更为兴旺，在除夕前数天，街市上有专门写卖春联的，并在门口挂起“春联处”的招牌。春联内容多写“千金百顺”“宜春迪吉”“一财二喜”以及家声世泽诸语；有的集录古代诗文佳句，如“物华天宝，人杰地灵”“天恩春浩荡，文治日光华”“向阳门第春常在，积善人家庆有余”等。这样求吉祈祥的联语是“岁岁用之，比屋皆然”。

当代城市、农村新年还流行贴春联的习俗，目前的春联一般是对偶的上下二联，写在红纸上，贴于门户两边，字数一般在三字以上不等。春联讲究平仄格律，结构对称，对仗工整。门联有上下之分，一般说来，以末字音律判断，仄音为上联，平音为下联。上联贴在门左，下联贴在门右。也有人以门楣横批的首字左右位置确定上下联语的位置。对联多吉祥语，如“爆竹一声除旧岁，桃符万户迎新年”“天增岁月人增寿，春满乾坤福满门”“财源茂盛达三江，生意兴隆通四海”“时雨染成千里绿，春光不让一人闲”，等等。横批一般为四字吉语，如“喜迎新春”“紫气东来”“万象皆春”之类。

最早的门神是桃木刻成偶人，这在先秦时期已经出现。汉代门神已演变为两个人形图像，他们的名字分别是神荼与郁垒。传说神荼、郁垒是两兄弟，住在度朔山的大桃树上，专门负责捉拿祸害人间的恶鬼。由于神荼、郁垒有如此的神通，后来人们就将他们的形象画在门户上。门神画是绘有门神形象的图画，在汉代就已经出现。门神在后代不断增加，主要有钟馗、秦叔宝、尉迟敬德几位。

门神画后来扩大绘画题材，变成年节时期装饰屋宇、增添喜气的年画。《东京梦华录》卷十记载了当时开封的年节市场："近岁节，市井皆印卖门神、钟馗、桃板、桃符及财门钝驴、回头鹿马、天行帖子。"其中门神、钟馗、财门钝驴、回头鹿马、天行帖子等就是当时典型的年画题材。古代门神画中多画鹿、喜、宝马、瓶、鞍等象征物，"皆取美名，以迎嘉祉"。有一首《咏门神》诗曰："金碧家家灿，迁除岁岁忙。侯封沿汉号，剑佩俨唐装。"即是说门神自汉至唐的一脉相承。明代北京宫廷、浙江杭州过年都贴钟馗、福神、和合二仙等年画。

清代苏州桃花坞门神画，"彩画五色"，多绘温元帅、岳元帅，而且多由远方商贩运往外地。天津宝坻人在扫舍之后，就贴年画，当地小儿最喜欢贴年画，年画的题材有《孝顺图》《庄稼忙》等，大人给小儿解说年画，寓教于乐。如《乡言解颐》作者李光庭所咏："依旧葫芦样，春从画里归。手无寒具碍，心与卧游违。赚得儿童喜，能生蓬荜辉。耕桑图最好，仿佛一家肥。""年画"一词就正式出现在《乡言解颐》一书中。

最早的年画印制基地大约是开封及开封附近的朱仙镇，朱仙镇的年画至今仍保留着古朴的民间传统。江苏苏州桃花坞、四川的绵竹、山东潍坊、天津杨柳青、河北武强都是近世以来著名的年画产地。年画题材广泛，喜庆吉祥是年画的主题，如"鲤鱼跳龙门""连年有余”“金玉满堂”“岁寒三友”“福禄寿”“群仙赐福”“天官赐福”“招财进宝”“文武财神”“摇钱树”“龙凤呈祥”“天仙送子”“榴开百子”“新春大吉”等是常见内容。民间年画还是历史传说、民间故事的有效载体，在年画中常见有:哪吒闹海、长坂坡、空城计、秦琼卖马、四平山、罗通扫北、西厢记、三娘教子、盗仙草、天河配、王小赶脚、钟馗嫁妹、老鼠娶亲、三岔口、忠义堂、文姬归汉、梁祝姻缘、铡美案、魁星点斗、刘海戏金蟾等，画面形象生动、情趣盎然。

年画作为民间的艺术，它与民众的生活息息相关，并且随着时代的变化不断发展，人们在继承传统年画题材的基础上，创造了许多反映当时社会生活的新年画，如骑车仕女、抗战门神等。清光绪二十四年（1898），杨柳青的齐健隆画店印制了一种宣传办学堂、满汉平等之类内容的“改良年画”。民国初年，上海商人郑曼陀将月历和年画二者结合起来，选用传统年画或新式风情为题材，画有公历纪元和阴历的月份，名为“月历牌年画”，这是年画的一种新形式。后来它发展成为当代广泛通行的新年挂历。我国传统的年画多为木刻水印，线条单纯，色彩鲜明,画面热闹。新中国成立以来的新年画，在传统的基础上，推陈出新，丰富多彩，深受群众喜爱。

3. 天地、祖先祭祀

人们在响彻云霄的鞭炮声中迎来新年，伴随着新的时间降临的是各色神灵，旧年回天汇报的诸神，这时又带着新的使命回到人间。为了迎接新神，各家摆起香案，虔诚祭祀。新年“进酒降神”是汉代就有的传统，民间一直沿袭下来。山东蓬莱“元旦五更设燎，陈盘案，祭赛天地，礼百神，祀先祖。灶前具香灯，谓之‘接灶’。放火炮迓岁”（康熙《蓬莱县志》）。天地、百神、祖先一体礼拜，灶神受到特殊对待。江苏震泽镇迎年接神有固定的次序，“元旦，主人晨起，爆竹。洁衣冠拜天，俗谓之‘接天’；次拜灶，谓之‘接灶’；次拜祠堂及先人画像”。新年人们迎回诸神，诸神的降临意味着年度时间重归人神共处的日常世界。

天地祭祀在古代主要是国家公祭，国家每年有冬至祭天，夏至祭地的典礼。在早期社会王朝统治者是不允许百姓祭祀天地的，所谓“绝地天通”。即使到了明朝，统治者仍然禁止民众祭祀天神，南京官员曾下令：“除岁，庶民毋得焚纸祀天，糜财犯礼。”（《客座赘语》卷三）这也反映明朝民间除夕有烧纸祭天的习俗。民间年节祭祀天地的习俗，在清朝以后更为广泛，不仅满族人、蒙古族人要沿袭传统祭祀天神，

图 1-10 除夕日湖北土家人祭天地的供桌（张勃摄）

北方地区的广大汉族在年节祭祀祖先与其他神灵的同时，也要祭天地【图 1-10】。虽然没有天地的庙宇，但人们俯仰天地间，觉得天地之灵无处不在。为了感谢天地的荫庇，人们在自家庭院供一个天地牌位。

胶东人一般在院内南墙上挖一个高约一尺半、宽约一尺的小佛龛，俗称“天地窝子”，里面长年供奉着天地牌位。在山东中部和南部地区，一般在正房外的西窗前垒一座高约三尺、宽约二尺、长约二尺半的平台，谓之“香台子”，以供奉天地牌位。新年期间，家家户户都在院中搭天地棚，祭祀天地神。

河北蔚县人年节上供，从天地爷开始，天地爷的牌位放置在院外房门口东面耳窗上，上书“供奉天地三界十方万灵真宰之神位”。两旁有对联“净手连心洗，早晚一炉香”，横批是“天地之大”。

晚清北京人年节供天地桌，每到除夕，在庭院布置一长案，供“百分”，百分是诸天神圣全图。在神像前，陈设蜜供一层，苹果、干果、馒头、素菜、年糕各一层，称为“全供”。初一凌晨接神时，将神像焚化，点香供奉，直到正月十五为止。

在中国许多地方有新年“迎喜神”的风俗，喜神是方神，人们根据黄历通书推算知晓本年喜神方位。在正月初一凌晨，开门迎年时，人们一定要朝喜神所出的吉利方位叩拜，祭祀喜神，以求一年的吉祥。清代北京除夕接神之后，即为新年。在初次出门时，“必迎喜神而拜之”。在河北张北地区，人们在贺年之后，按喜神方位，将全村的马匹向喜神方向赶去，谓之“迎喜神”。固安县人在正月初一凌晨，牵一头驴向喜神方向走去，为“迎喜神”。

南方称为“出天行”或“出天方”。清代湖北长阳人元旦家内拜祭祖先后，开门，庭燎一对，茶果饼酒一盘，主人手持香烛，子弟分持庭燎、茶果等，在大门外，面喜神方向，设香案，纸烛四拜，谓之“出天行”。德安人（今安陆）在天快亮时，准备香烛，开门向吉方拜，同时舞动一束燎柴照路，谓之“出方”。现今湖北新年仍然有“出方”习俗。鹤峰人新年出天行，轻轻开门，毕恭毕敬，同时诵念：“财门大敞开，元宝滚进来；滚进不滚出，滚满一堂屋。”（《新荆楚岁时记》）然后向东方放鞭炮，上供品，燃香纸，跪拜。宜城人是背对堂屋跪拜。南漳人是朝喜鹊窝所在方向跪拜。

年节期间祖先与家人同在，祖先祭祀是春节家祭中最重要的祭祀。在以农业为社会生产主业的周朝，对祖先的祭祀更为系统周详。《礼记》中祖先祭祀屡有记载，如上面所说的“大饮烝”就是岁末的宗庙祖先祭祀大礼。祭祀百神的腊祭，在秦汉时期也演变为祭祀祖先的腊祭，腊者，猎也，“田猎取兽，以祭祀先祖也”（《风俗通义》卷八）。腊祭时间在岁末，因此同时有送旧迎新的意义。秦汉时代，人们重视腊月与正月的家庭祖先祭祀。我们在《四民月令》中可见当时年节祭祀祖先的情形。六朝以后元旦例行家庭祖先祭祀，“长幼悉正衣冠，以次拜贺”。

唐宋时期，新年重视家人朋友君臣上下的拜贺，对祖先的祭拜有所淡薄。但祭祀祖先活动没有停止，唐朝官员有家庙，元日、冬至是两个重要祭祀时间。宋朝守礼的士大夫家也有家祭。

明清以后，由于宗法观念的复兴，祭拜祖先【图 1-11】重新成为新年仪式的重要环节。

图 1-11 山东春节祭祖
（张勃摄）

祖先祭祀成为团聚家族成员的重要方式。明清时期富户在堂屋左边单设享室，岁时、伏腊、忌日，必启室祭祀。乡村民众一般在家中的正房或厅堂的北面正中处设神龛以供奉祖先神主牌位。所谓神主牌位，是一种带座可以竖立的长方形小木牌，上面写着祖先的名讳及同家长的关系，如“显考讳某妣某氏孺人之神位”等。寝中的神主只包括高、曾、祖、考四世。有的家庭只在厅堂墙上贴上红纸书写的本门宗亲神位，或者在神龛上供用一大木牌，正中写“天地君亲师之神位”，左右两旁分别用小字写上“本门宗祖”“东厨司命”。

新年是家祭的高潮，人们腊月二十四就接回祖先过年。元旦清晨首先拜天地，其次拜祭祖先，然后才是家人互拜。徽州是中国宗族发达之区，这里的祖先祭祀仪式严整，祭祀必清洁、必诚敬。明代徽州一年有六次祭祀活动，其中新年为首。祭祀有祠堂祭与墓下祭。

明代北京人在除夕开始悬挂先人影像，都用三牲熟食糖果等供奉，至初三停止。清代北京的世胄之家，在除夕要致祭宗祠，在家悬挂影像。黄昏之后，合家团坐在祖先神位前度岁。

苏州从除夕夜开始，家家户户悬挂祖先画像，以香烛、茶果、粉丸、糍糕等为祭品，家人穿戴整齐，依次上前叩拜。祖神像悬挂的时间不等，有三日、五日、十日，或至上元夜，上元夜隆重祭祀后才收起，再次展示就要到明年。

杭州人称祖神像为“神子”，元宵以后也就将它收起来，有诗咏其事，“若非除夜何能见，才过元宵不可留”。这种神像有三代、五代合绘一图之上，所以称为“代图”，或为“三代图”“五代图”。

民国以来民间仍然保持春节祭祖的习惯，一般在家庭堂屋设置有祖先牌位，人们吃团年饭前，先要由家长依次请祖先回家团年，在祖先享用之后，家人再上桌吃饭。山东泰安年祭特别诚敬，除夕，家长率子弟奉香到大门外恭迎，引至祭室，奉茶献果。午夜，设鸡、鱼、肉、肝、肺、蔬菜、米饭、饽饽、黄白米糕、水饺祭祀。家庭男女依次给祖先叩首，然后拜尊长。天明族人来拜年，也要先到家堂桌行礼，然后拜这家的尊长。客人拜家堂，主人要陪礼。

直到当代祭祀祖先仍为民间新年的传统项目。以河北邯郸拜祖为例，邯郸拜祖有三种情况：一是有家庙，家庙中有各代祖宗牌位，家长率子孙焚香磕头。二是没有家庙，有祖宗轴子（即画像），挂起祖宗轴子，家人叩拜。三是没有家庙与祖宗画像的，就写出祖宗牌位，家人祭拜。不在家中祭拜的，早起一定要上坟给祖宗拜年。（《邯郸民俗录存》）总之，新年祭拜祖先，必不可少。

湖北英山人是在年前上坟，一般在年饭之前，一家人带着三碗供菜（肉、鱼、豆腐等）、三茶盅饭、三杯酒、三双筷子，摆好后，烧纸钱、点香、放鞭炮，人们逐一跪叩，再上酒三巡，然后将酒饭泼在坟前，供菜带回家。正月也有上坟给亡故亲人拜年的，这时一般放鞭炮、跪叩就行了。

正是这种年复一年的祭祀团聚，强固了家族的内聚意识，保证了家族的绵延。而家族作为社会的基本单元，它同时也是文化传承的基本单位，中国文明的悠久传承与中国家族社会绵延有着一定的内在关系。

四　贺年与拜年

贺年、拜年是岁首的主要活动，人们在度过旧岁迎来新年之际，互相庆贺，以祝新生。同时它亦隐含了人伦关系再造的意义，朝廷就有盛大的“元会”，君臣相贺，确定新的君臣之义。

进入新年，人们为了应节迎新，在服饰上焕然一新。以鲜洁的服饰迎年是汉代就有的习俗，六朝时的元日“悉正衣冠”也是这一意义。唐朝小儿新年要穿上艳丽的新衣，刘禹锡《元日感怀》描述了这一情景：“燎火委虚烬，儿童炫彩衣。”宋代，“小民虽贫者，亦须新洁衣服，把酒相酬尔”。明朝北京人新年头上戴“闹嚷嚷”，人们用乌金纸作飞鹅、蝴蝶、蚂蚱之形状，大如掌，小如钱，呼曰闹嚷嚷。男女老幼各戴一枝于首中，富贵者有插满头的。这是古代戴胜习俗的沿袭。清代穿新衣拜新年民俗依旧，“鲜衣炫路，飞轿生风”。民国及至今天人们新年皆穿新衣，元旦五更起，“无贫富老幼男女皆更新衣”（民国《新乡县志》）。北方有首民谣：“糖瓜祭灶，新年来到，大家欢笑；闺女要花，小子要炮，老婆子要吃新年糕，老头子要戴新呢帽。”

在民俗社会中新洁衣饰不仅是年节的美饰，同时它有神性意义。河北蔚县陈家洼乡南许家营村人认为：新衣服要在年三十上供之前换，这样干干净净地才可以给神上供，才可以敬神，神仙看着也觉得干净，而且，只有这样，来年才不会穿破的衣服。而且衣服上要带点儿红布条或者红线，表示一年红、身体红。新的衣饰是为了祈福除灾。通过旧年阈限之后，人们获得新生。穿上新衣，戴上新帽，象征着人们进入新的生命旅程。这种身体的新打扮与门户的新装饰都体现了中国人重视新年的时间更新意识。

酒是新年仪式中的重要饮品，酒是降神的佳酿，祭神之后，朝野都要饮酒庆贺新年。新年之酒也称春酒，《诗经·豳风·七月》：“十月获稻，为此春酒，以介眉寿。”过年还有特制的保健辟邪的药酒，汉代称为椒柏酒，酒用椒实与柏叶浸制而成。唐宋人称为屠苏酒。屠苏酒的得名有一个传说，俗传屠苏是一个草庵的名字，有人居草庵中，他每年除夜送给附近居民一个帖药，让人们用布囊浸于井中，元日取井水置酒器中供家人饮用，“不病瘟疫”。后人知道这药酒之方，但不知此人姓名，故称为屠苏酒。也有人解释屠苏酒名，说“屠苏”二字字义为屠绝鬼邪，苏醒人魂。无论如何，新年的春酒是祛邪祈福之酒，如南朝诗人庾信所咏：“正旦辟恶酒，新年长命杯。”

古代过年饮酒，有特别的方式，“正月饮酒先小者，以小者得岁，先酒贺之。老者失岁，故后与酒”（《荆楚岁时记》）。就是饮酒从小的开始，说小孩又该长一岁了，值得庆贺。老年人失岁，所以不贺。苏轼除夜诗“但把穷愁博长健，不辞最后饮屠苏”咏唱的就是这一习俗。我们看小孩过年欢天喜地，是有它的道理的。新年饮酒的仪式意义十分明显。明清以来，新年饮酒成为社交与生活娱乐方式。民国《金陵岁时记》：“新年邀集宾朋燕饮，称为饮春酒，以正月半前为盛。”在太平天国之后，人们过年多喝烧酒。光绪末叶，饮食逐渐奢华，金陵人多喝绍酒、汾酒。当代人们过年，酒仍然是不可少的饮品，不过大多喝红色的葡萄酒，以增添节日气氛。

清晨迎来新年后，接着是贺年、拜年。顺序是先家内，后家外。明代北京元日拜年盛行朝野上下，“京师元日后，上自朝官，下至庶人，往来交错道路者连日，谓之拜年”（《菽园杂记》

图 1-12 民国春节拜年

卷五)。明代以后至民国京城拜年有两种形式:

一种是见面跪拜【图 1-12】。如果人们在路上见到亲友也会下车,在路中叩头拜年。明代北京宛平人,晨起由家长率家人奴仆,拜天地、祖先,给上辈祝寿,然后互拜。并用三牲熟食祭祀,纸钱供于祖先牌位前。然后打扮出门给亲戚朋友拜年。士庶人等向亲友拜年,多是实心实意。

另一种拜年是一种虚套的礼仪形式。明朝中期京师有所谓"望门投帖"之俗,一些朝官之间的往来,讲求礼仪形式,如东西长安街,朝官居住最多。至此者不问识与不识，望门投帖；有不下马，或不至其门，令人送门帖者。（《菽园杂记》卷五）门帖，类似今天的贺年片，据说宋代就开始送节日贺卡。宋人周密在《癸辛杂识》中说："节序交贺之礼不能亲至者，每以束刺签名于上，使一仆遍投之，俗以为常。"

明代杭州特别重视元旦，"今海内士庶咸重岁首，而庆拜往还，举酒相祝，惟吾杭最盛。"当时有谚曰："老子回头，不觉重添一岁；孩童拍手，喜得又遇新年。"可见民间年节老少欢娱情景。沈明德有一首小词道尽明代杭州民间元旦风俗："接得灶神天未晓，爆仗喧喧，催要开门早。新褙钟馗先挂了，大红春帖销金好。炉烧苍术香缭绕，黄纸神牌，上写天尊号。烧得纸灰都不扫，斜日半街人醉倒。"（《七修类稿》卷三十）清朝中期，北京人贺年、拜年之俗，沿袭明朝。清晨，士民之家，着新衣冠，肃佩带，祭神祀祖，焚烧纸钱，阖家团拜后，出门拜年贺节。有"具柬贺节"，有登门揖拜，即使路上亲友相遇，也要下车长揖，口颂"新禧纳福"。晚清"接神之后，自王公以及百官，均入朝朝贺"。然后，百官走谒亲友，谓之"道新喜"。亲者登堂，疏者投刺，道路人员往来交错，真有车如流水马如游龙之盛。

清代苏州贺年、拜年习俗，《清嘉录》记载甚详。放过开门炮，就是拜年。男女按辈分给家长拜年之后，由长者率家人晚辈出门拜谒邻居亲友，也有的指派子弟代家长前往庆贺，谓之拜年。就是终年没有往来的，这时也互相往拜于门。人家在门首设一记事簿，专记拜年客姓名，这种记事本，号为“门簿”。当时还有“飞帖”拜年的习俗，家长大多并不登门拜年，而是让仆人将拜年红帖送到亲戚朋友家，回拜的人同样遣仆人送帖，这种往来送帖拜年的习俗，称为“飞帖”。人们为了接帖方便，新年时就在门上粘一个红纸袋，写上“接福”二字，或者称为“代僮”。拜年帖，在清初用古简，康熙中，则换成红单，只书某人拜贺。拜年的时间一般不得过初十，过了初十，就有慢待的意思。丧家拜年要迟五天开始，否则就是不知礼数。

旧时拜年强调家族关系，拜年的过程就是家族关系的强化过程。江西东乡横路何氏宗族每年正月初一都要进行团拜。团拜并不仅仅限于一个族院，而是在整个横路何氏宗族中进行。团拜按照宗谱中记录的长幼伦理秩序递进，即晚辈向长辈拜年，小房向大房拜年。辈分顺序不能改变。

直到今天乡村城市仍然保持传统拜年庆贺之俗，在山东、河北等地乡村仍有跪拜的习惯。

由上述年节习俗，可以看出传统中国人的深层意识。所以说在传统社会民众的时间意识中，春节并不是一个简单的吃吃喝喝的游戏玩耍的娱乐日，它有着很强的伦理意义。即使在今天以娱乐休闲为主的春节，其中仍有着再造与整合社会人伦关系的意味，只是它没有传统社会那么浓烈而已。

春节是热闹的，脆响的爆竹，大红的春联，喜庆的年画，翻腾的龙舞，都昭示着盎然的春意，一切烦恼与霉运都留在了旧岁，人们在新的岁月里追寻新的希望。从人们饱含情意的新年祝福中，我们真的为这古老民族不息的生命意识所感动。在中国走向世界的今天，我们拿什么奉献给世界？只有保持我们民族的文化特色，我们才能为世界文化增添色彩。

年节是民族情感的凝聚点，又是有声有色、动人心魄的文化风景，我们保存它、珍重它，让这一世界华人共享的民族文化节日，成为解不开的民族心结。不要因为它老而说它旧，不要因为今天已进入后工业时代而嫌其俗，我们是中国人就该过自己的节。

第二节　元宵节

“一年明月打头圆”，元夜良宵，月光如水。新年的第一个月圆之夜，在民俗生活中有着不寻常的意义。现今的元宵节南北各地人们大多仍挂灯笼、吃汤圆（元宵），看元宵晚会，元宵同样是年节结束的庆祝日，但其节俗的浓烈程度已有所衰减。

一　元宵节的起源与发展

在四时八节中，元宵节具有独特的文化品性，它虽然没有依傍具体的节气点（其他节日大都与二十四节气有较密切关系），但在节日体系中的地位突出，这除了它与春节的关系外，恐怕还有更深层的原因。因此在说元宵节俗之时，我们不妨来深究一下元宵节的来历。

古人在对日月的观察中，很早就发现了月亮圆缺的时间规律，感受到月亮盈亏的变化对自然物候与人生命节律的影响。因此以月亮的变化作为记时的历法依据，形成了影响深远的太阴历的历法体系。有关太阴历的影响无须多说，只要大家看看传统社会初一、十五的朔望祭祀活动，就十分清楚。应该说望日（月圆之时）的确定，早于朔日，朔日需要推算，望日却一目了然，因此望日作为时间的起点，是挺自然的事。在太阴历中新年大概在望日。道教的“三元”节以正月十五日、七月十五日、十月十五日三个望日为节期，虽然它表述的是道教的时间体系，但并不是任意的杜撰，它是对历史上曾经有过的时间体系的改造与借鉴。由于人们观察能力的进步与生活方式的变化，太阳历在中国上古时期逐渐占据优势地位。太阴历因为与农事关系的疏离，逐渐退居次要位置，但朔望月一直成为后世历法的基础。中国自有历史记载以来一直使用阴阳历，阴阳历将回归年与朔望月两个不同的时间周期加以协调，使人们的时间生活既符合月度变化，又合乎四季流转的节律。在阴阳历中朔日成为岁月时间的起点，望日地位下降。但望日曾为岁首的民俗影响依然存在。

正月望日地位的凸现是在汉代中期以后，汉武帝太初历的颁行为元宵、元夕节地位的奠定提供了契机。太初历是阴阳合历的历法，它采用夏历建寅的方式，将正月定为一年之首月，正月一日为元正，正月十五日晚上升起的自然是新年的第一轮圆月，这就是元夕的意义。元夕（元宵）处在新岁之首，其地位因此超过一般的望日。

元宵节俗的形成有一个较长的过程，虽然太初历颁行之后，元宵有了发展的契机，但作为一个民俗大节，它的出现还要有适宜的社会历史条件。据一般的文献资料与民俗传说，正月十五（元宵）在西汉已受到重视，汉武帝正月上辛夜在甘泉宫祭祀“太一”的活动，被后人视作正月十五祭祀天神的先声。不过，正月十五真正作为民俗节日是在汉魏之后。东汉佛教文化的传入，对于形成元宵节俗有着重要的推动意义。《西域记》称印度摩揭陁国正月十五日会聚僧众，“观佛舍利放光雨花”。汉明帝为了表彰佛法，下令正月十五日夜，在宫廷和寺院“燃灯表佛”。因此正月十五夜燃灯的习俗随着佛教文化影响的扩大及道教文化的加入逐渐在中国扩展开来，六朝隋唐时期正月望夜的灯火愈烧愈望。当然元宵节俗的真正动力是因为它处在新的时间点上，人们充分利用这一特殊的时间阶段来表达自己的生活愿望。

二　闹元宵

在传统社会，节日是一项态度严肃、规则鲜明的社会游戏，人们习惯性地遵守着节日的游戏规则，参与到节日活动中。元宵的民俗与除夕相对应，除夕夜是关门团年，在新旧时间转换的过程中，人们暂时中断了与外界的联系，处于静止状态；元宵夜与之相对，人们以喧闹的户外游戏，打破静寂，“元宵闹夜”成为明显的节俗标志。

“闹元宵”之“闹”就生动地映射出元宵节俗活跃的文化精神，元宵的锣鼓、元宵的灯火、元宵的游人编织着元夕的良宵美景，构成了中国传统节俗的独特景观。元宵的“闹”，是多种节俗形式的合奏。最突出的是声音与色彩。

1. 锣鼓、社火之闹

元宵节的喧闹主要有两种声音：

一是以锣鼓为主的响器声。锣鼓是庆祝节日必备的道具，节日气氛的营造离不开锣鼓，正月十五是春节的高潮，锣鼓敲得更响。没有锣鼓或锣鼓不够用时，人们将能发声的器皿也敲起来，湖北孝感有“正月半，敲铁罐”的谚语。清代苏州元宵也是热闹非凡，“元宵前后，比户以锣鼓铙钹，敲击成文，谓之闹元宵，有跑马、雨夹雪、七五三、跳财神、下西风诸名。或三五成群，各执一器，儿童围绕以行，且行且击，满街鼎沸，俗呼走马锣鼓”。（顾禄《清嘉录》卷一）

二是歌舞游乐的人声。元宵节是民间歌舞的盛大演出日，除一般通行的舞龙、舞狮的节目外，南北地方在元宵节期间都献演乡村戏剧。北方的秧歌戏，南方的花鼓戏、采茶戏都是元宵常演的剧目。东北地区将乡民化妆作剧，称为“太平歌”；河南及两湖（湖南湖北）地区称为“妆故事”。河南洛阳“歌楼鳞次，丝管嘈杂，灯下设杂剧百戏，游人填塞街衢”。锣鼓喧闹、歌舞杂戏是元宵节俗的主要“声”源。

元宵锣鼓与太平歌舞在今天看来，主要是烘托了节日气氛，是游戏娱乐，但其原始意义与腊鼓、傩仪一样，是具有巫术意味的节俗活动，其目的在于驱傩逐疫、召唤春天与苏醒大地。所以在一些民国地方志的民俗记述中，说到闹元宵习俗时，总免不了说上一句“即乡人傩之意”。当代青海互助土族自治县的土族在元宵夜有三项活动：跳火牙、妆瘟和观灯。前两项与驱邪有关，其中“妆瘟”有着明显的驱傩意义。人们选择年轻精悍、能歌善舞的小伙装扮成护法金刚等神的模样，在众人敲锣打鼓的护送下，挨家挨户串行。然后各家各户点燃一个巨型火把，送到村外事先指定的空地堆起来，以表示把所有的瘟疫烧掉。由此看来，它与古代腊日“索宫中之鬼”的逐除仪式有着相同或近似的文化特性。清代京城儿童玩耍的“打鬼”游戏同样有着驱邪的象征意义。

2. 灯彩之闹

元宵是色彩鲜明的节日，元宵的色彩除了游人、表演者的衣着打扮华丽光鲜外，主要是灯饰。灯是元宵的主要节俗标志之一，人们常以灯节名之。

元宵张灯习俗起源早，扩布广。它来源于上古以火驱疫的巫术活动，后世民间正月十五以火把照田、持火把上山等，就部分地保存了这一习俗的古旧形态。随着佛家燃灯祭祀的风习流播中土，元宵燃火夜游的古俗，逐渐演变为元宵张灯的习俗。隋炀帝杨广《正月十五日于通衢建灯夜升南楼》诗说："法轮天上转，梵声天上来。灯树千光照，花焰七枝开。"明显地将张灯与佛教联系起来。即使是张灯在乡村民间仍主要是祈福的意义，唐人段成式在《观山灯献徐尚书》诗序中说：襄城连年丰收，"及上元日，百姓请事山灯，以报穰祈祉也"。

元宵张灯习俗与城市夜生活的兴起密切相关，市井民俗的显著特点之一是好奇慕异。隋唐以前正月十五夜张灯的记述稀少。梁人宗懔的《荆楚岁时记》在记述荆楚地方正月十五节俗时，没有提到张灯之事。到了隋朝，京城与州县城邑的正月十五夜，已经成为不眠之夜。隋人柳彧在一封请求禁止正月十五侈靡之俗的奏疏中说：近代以来，"窃见京邑，爰及外州，每以正月望夜，充街塞陌，聚戏朋游。鸣鼓聒天，燎炬照地。人戴兽面，男为女服，倡优杂技，诡装异形"（《隋书·柳彧传》）。由此可见，隋朝时期京城与外地的州府上元灯火已开始兴起。

张灯习俗的大扩展是在唐宋时期。唐朝不仅在京城制作高达八十尺、光映百里的“百枝灯树”，还将张灯时间延至三夜。十四、十五、十六三夜取消了通常的宵禁，让人们彻夜自由往来，所谓“金吾不禁”。唐初诗人苏味道在《正月十五夜》诗序中说：“京城正月望日，盛饰灯火之会，金吾驰禁，贵戚及下里工贾，无不夜游。”接着苏味道咏赞了唐代元宵的灯火盛况与游乐场景：“火树银花合，星桥铁锁开。暗尘随马去，明月逐人来。游伎皆秾李，行歌尽落梅。金吾不禁夜，玉漏莫相催。”“元宵”作为节名大约也出现在唐代，韩偓有诗为证：“元宵清景亚元正，丝雨霏霏向晚倾。”

宋朝城市生活进一步发展，元宵灯火更为兴盛。帝王为了粉饰太平，“与民同乐”，元宵节亲登御楼宴饮观灯，“山楼上下，灯烛数十万盏”（《东京梦华录》卷六）。张灯的时间也由三夜扩展到五夜。新增十七、十八两夜，最初在限于京师开封府，后来地方州郡纷纷效法，成为通例。宋朝灯笼制作较唐朝更为华丽奇巧，灯品繁多，元宵灯市琳琅满目，据《西湖老人繁胜录》记载，南宋临安女童将诸色花灯，“先舞于街市，以吸引买者。中瓦南北茶坊内挂诸般琉珊子灯、诸般巧作灯、福州灯、平江玉栅灯、珠子灯、罗帛万眼灯；清河坊至众安桥有：沙戏灯、马骑灯、火铁灯、象生鱼灯、一把蓬灯、海鲜灯、人物满堂红灯等，除此之外，“街市扑卖，尤多纸灯”。由此可以想见当时元宵灯节的红火。

元宵放灯在宋朝受到统治阶层的鼓励，成为粉饰政治的娱乐形式。因此一些地方官为了制造本地的太平景象，以行政命令的手段，强求百姓无论贫富一律张灯若干，给人们增加了不必要的负担。《晁氏客话》就记载了这样一件事情：蔡君谟在任福州太守时，上元节命令民间每家张灯七盏。当时有一位读书人，作了一盏丈余长的大灯，灯上题诗一首：“富家一盏灯，太仓一粒粟；贫家一盏灯，父子相对哭。风流太守知不知，犹恨笙歌无妙曲！”蔡太守十分羞愧，只好下令罢灯。

宋元易代之后，元宵依然传承，不过灯节如其他聚众娱乐的节日一样受到限制。明代全面复兴宋制，元宵放灯节俗在永乐年间延至十天，京城百官放假十日。民间观灯时间各地不一，一般三夜、五夜、十夜不等。江南才子唐寅《元宵》一诗，写出了元宵灯月相映之妙：“有灯无月不娱人，有月无灯不算春。春到人间人似玉，灯烧月下月如银。”明代中期以后城市经济有较大的发展。作为市井生活重彩的元宵节，在当时有着生动的表现。

这一番灯会的描写，真令人赏心悦目。清

代的元宵灯市依旧热闹，只是张灯的时间有所减少，一般为五夜，十五日为正灯。北京元宵的灯火以东四牌楼及地安门为最盛。其次是工部、兵部，东安门、新街口、西四牌楼“亦稍有可观”。花灯以纱绢、玻璃制作，上绘古今故事，“以资玩赏”。冰灯是清代的特殊灯品，由满人自关外带来。这些冰灯“华而不侈，朴而不俗”，极具观赏性。（富察敦崇《燕京岁时记》）

元宵的色彩还表现在飞腾的焰火上。焰火，也叫烟火，兴起于宋朝，当时皇宫观灯的高潮是施放烟火，“宫漏既深，始宜放烟火百余架，于是乐声四起，烛影纵横”。明清焰火品类繁多，有盒子、花盆、烟火杆子、线穿牡丹、水浇莲、金盆落月等，“竞巧争奇”，焰火施放时呈现出一派“银花火树，光彩照人”的艳丽场景。民间同样“架鳌山，烧旺火，张灯放花，群相宴饮”，名之为“闹元宵”。

3. 看灯与看人

元宵的声响与色彩共同烘托着元宵节日的气氛。正是这样热闹的场景吸引着乡村、城市的居民，他们纷纷走出家门，看戏、逛灯、走百病、闹夜，连平日隐藏深闺的女子这时也有了难得的出游机会。“男妇嬉游”是元宵特有的人文景观【图 1–13】。司马光是有名的礼法之士，他的夫人在元宵夜打扮着准备出门看灯，司马光说：“家

图 1-13 元宵节观灯
明刊《紫钗记》插图

中点灯，何必出看？”夫人回答说：“兼欲看游人。”司马光说：“某是鬼耶？！”男女相看的“看人”，是宋明以后传统社会中稀见的机会，平时限制在各自的封闭的时空中的人们，是难得有聚会的日子。正月元宵是一年中唯一的“狂欢”节，人们在这一阶段打破日常的秩序的约束，实现着本性的感官的愉悦。人们祈求婚姻的美满、子嗣绵延、身体的康健与年岁的丰收。

三 元宵月夜中的女性

从元宵节的性质看，元宵大概属于阴性节日，虽然道教将其作为天官诞辰的上元节，天官赐福成为元宵节俗的一部分。但除了一些地区比较突出天官信仰外，在中国大部分地区人们像对待佛教信仰一样，没有多少与其相关的活动。人们以极为世俗的行为表达自己对美好生活的愿望。妇女是元宵节的主要角色，这可能与月亮的阴性性质有关。

1. 走桥玩月

唐宋以来，妇女是城市元宵节夜的一道风景，她们或登楼赏月看灯，或走出家门走桥玩耍，“了不畏人”，“月上柳梢头，人约黄昏后”的故事常常在元宵节夜上演。明代北京妇女身着白绫衫，结伴夜游，名为“走桥”，也称“走百病”，说元宵夜走一走没有腰腿病。人们到各城门偷摸门钉，以祈子嗣，名为“摸门钉儿”。太平鼓彻夜喧闹，有跳百索的，有耍大头和尚的，有猜谜语的，不分男女聚观游乐。福建元宵如同京师有十夜灯会。富人家庭的妇女乘轿出行，贫者步行，从数桥上经过，谓之“转三桥”。

2. 偷菜、求婚姻

妇女的结伴嬉游、妇女的游戏节目以及妇

女拜祭的神灵，都不同程度地体现了妇女的生活愿望。贵州黄平部分苗族正月十五过偷菜节，姑娘公开“偷”菜，做白菜宴，谁吃得多，谁就能早日找到如意郎君，同时她养的蚕也最壮，收获的蚕茧也最多最好。台南元夕，人们也有“偷”的习俗，没有出嫁的女子以偷得他人的葱为吉兆，民谚说：“偷得葱，嫁好公；偷得菜，嫁好婿。”

3. 拜紫姑、祀先蚕

妇女拜的“姑娘神”，南方多称“紫姑”“戚（七）姑”，北方多称“厕姑”“坑三姑”。姑娘神是妇女诉求的对象，《荆楚岁时记》说：“是夕，迎紫姑，以卜蚕桑，并占众事。”由紫姑的司职看，她主要是蚕桑神，在传统社会采桑养蚕是乡村女性的本业之一，因此蚕桑神自然选择了女性。传说的紫姑出身低贱，是一位人们易于接近的神灵，人们请她问年成、问婚姻、问休咎。其实紫姑与古代的先蚕有关，先蚕是古代王室供奉的蚕神，古代王后亲督蚕功，先蚕因此地位显贵，其原型大约是传说中的黄帝之妃西陵氏。直到民国时代，部分地区中仍有“是日祀先蚕”的民俗，养蚕人此月开始浴种。先蚕与紫姑之间有着隐秘的文化联系，六朝时期一则紫姑与“后帝”牵连的传说，也大约能证明紫姑与古代王家蚕神的亲缘关系。拜紫姑神是元宵节俗活动的一个有机组成部分，有关紫姑的信仰虽然不及天官隆重，但它更贴近民众生活，因此它的影响更持久、广泛。

四 吃元宵

吃元宵是元宵节的一个重要节俗。明清正月十五吃元宵成为时尚。明朝京城在初九之后，就开始吃元宵。元宵用糯米细粉制成，圆形，内包核桃仁、芝麻或桂花白糖为馅。江南称为“汤团”，苏州人称为圆子，杭州人称为“上灯圆子”。在祭祀祖先之后，家人老乡一起享用圆子，取其团圆的意义。当代中国无论南北，正月十五吃元宵成为时尚【图 1-14】。街头流行一种“摇元宵”的习俗，将做好的馅心，放在大箩中的干粉上摇晃，粘上粉，洒水，再摇，越滚越大，最后成形。摇元宵的过程也是一个民俗展示的过程，它为元宵节增添了节日气氛。

元宵的节俗意义与岁首密切相关，这不仅因为它在时间上与元日连接，是年节的一个有机

图 1-14 陇县元宵

组成部分，如民谚所说:“三十的火，十五的灯”；同时它传承了古代太阴历的岁首部分习俗。因此在元宵节中年节民俗浓郁。如果说春节是一台由家庭向乡里街坊逐次展开的社会大戏的话，那么元宵节就是这台大戏的压轴节目，它是社区民众情感、意愿、信仰的集中表现。由于是特定时日的特定社会表演，因此元宵之夜在民众社会生活中具有狂欢的性质。

在社会急剧变革的当代，传统元宵节所承载的节俗功能已被日常生活消解，人们逐渐失去了共同的精神兴趣，繁复的节俗已简化为“吃元宵”的食俗。其实元宵节这样一个历史悠久、影响广泛的民族节日,它有着相当丰富的文化内涵。就其社会娱乐的形式看，就有着充分利用的文化价值，在当今日益个性化的社会生活中，如果我们利用元宵这一文化资源，有意识地为城市居民展拓社交娱乐的空间，鼓励广大市民的参与，让传统的“闹元宵”变成城市社区的“狂欢节”，这对于活跃民族精神、稳固社会秩序大概有其特定的社会意义。

第三节 社 日

“太平处处是优场，社日儿童喜欲狂。”（陆游《社日》）社日，在中国古代社会曾经是一个盛大的民俗节日。社日源于古代的社神祭祀，它萌芽于三代夏商周，初兴于秦汉，传承于魏晋南北朝，兴盛于唐宋，衰微于元明及清。在中国历史上社祀传承达数千年之久，“可谓最古最普遍之佳节”。

社神祭祀是社日活动的中心内容。在中古以前，社神是地方社会集体的主神，社神具有主司农事、保护村社（里社）成员的职能。因此，在春秋二社中，村社（里社）成员对社神表达的是一种集体性的诚敬及公共的愿望，社日的主要目的是为村社（里社）祈福，不像后世百姓礼拜神佛那样各怀私愿。社日的公共性原则是村社共同体风习的现实反映，社神是公共意识的投射，是村社的精神中心，同时社神祭祀的公共性活动，又为村社成员之间联系的加强提供了维系力量。“唯为社事，单（殚）出里，唯为社田，国人毕作”（《礼记·郊特牲》），尽心竭力参予社祭活动，体现了村社（里社）成员的公共意识与集体精神。

一　社日的起源

1. 封土祭地

地母信仰是世界性的原始信仰，它与农业社会的生活方式相关。中国有着悠久的农耕文明，距今六千多年前，在黄河、长江流域就已出现了早期的农业活动。在充满自然信仰的上古时代，从土地中讨生活的先民，很容易对土地生发万物的功用产生神秘的理解，将土地神化，“在农业发展的基础上，对于地母的崇拜特别突出”。因此，在商周时代甚至更早的时代出现“社”这一土地之神是自然而然的事情，“社，所以神地之道也”。既然土地有灵，就需礼敬献祭，献祭需要一定的对象物，所以人们“封土以为社”“封土”为社神原始的象征。当然这种土也非寻常之土，它是一种特别的“五色土”。分封诸侯时，则割五色土为其立社。封土立社表示了周王“赐土”的恩泽，诸侯由此取得了祭祀土神、治理一方的权力。

这种堆土为社的形式，在今天的傣族依然存在，西双版纳的寨子都有寨神，也就是村社之神，一般用竹篾围以土堆，“每到春耕前、栽完秧和秋收后，由召曼主持祭祀”。寨心是全村社的心脏和灵魂，在那儿以大树、巨石、木桩以及竹排围成土堆；有的则在地上埋五块石头，当中一块，周围四块，有大事祭祀，这与周朝封土的精神一致。

2. 社树

从上古开始，还以特定的树木作为社神的象征，称为社树。树，尤其是不同寻常的高树，或具特别性质的常青树等，在人们的原始观念中具有神性，不仅因其高耸容易引起关于天梯的联想，“建木在都广，众帝所自上下”。也因其葱郁，认为是神灵栖居之所，甚至干脆认定树即社神之化身。《论语》记载了三代各自的神社，并以树为名，“夏后氏以松，殷人以柏，周人以栗”。社树的选定一般根据各地的生态情况决定。《周礼·地官》：“各以其野之所宜木，遂以名其社与其野”；在先秦有“北社惟松惟柏，南社为梓，西社为槐”的说法。当然，除了以上诸树为社外，地方上选用其他特色树木为神社象征也很不少，著名的如桑林之社。后世依然如此，如南方少数民族中其村社之神一般为茶树、榕树等。

3. 社祭与社日

在周朝的礼俗活动中，祭社的时间一般在仲春之月。此时，阳气发动，万物萌生，自然是祭祀的好时机，“土发而社助时也”，于是选用二月中吉利的甲日，作为百姓祭祀社神的日子，这也就是最初的社日。

秦汉时期，为适应春祈秋报的需要，逐渐形成春秋两个社日。“春祭社以祈膏雨，望五谷丰熟；秋祭社以百谷丰稔，所以报功。”汉代以后，社日时间虽出现过几次变化，但一般确定在立春后第五个戊日（春分前后），立秋后第五个戊日（秋分前后）。社日已成为民众生活中的节日。这一时期，由于统一的封建政权的建立，诸侯之社已被郡县之社代替，因此有帝王之社、郡县之社与民间里社三种层面的社祀形式，形成了官社与民社的区别。

上层社会的社祀活动庄严、隆重，祭品丰厚，享以太牢之礼；民间社祀简朴，随意，一壶酒、一个猪头就可以作为献祭的祭品。但比较起来，真正能体验到社日欢乐的是民间社会。即使在穷乡僻壤，社日亦是民众的快乐的节日【图1–15】。《淮南子·精神训》：“今夫穷鄙之社也，叩盆拊瓴，相和而歌，自以为乐也。”汉高祖刘邦入居皇宫后，不能忘怀少时里社生活，将枌榆之社移植新丰，也说明了民间里社的吸引力。此外，在社日活动中，虽然上层社会与民间社会同祭土神，但又有着明显的层位差别。国家社坛祭祀的是人格化的神话英雄后土或大禹，而民间里社却奉祀一

图 1-15 安徽祁门渚口倪氏宗祠迎社日

般的田神，“但为田祖报求”。体现了上、下层社会在社日活动中的不同旨趣。尽管民间社日活动在当时为上层人士所讥讽，“芜乡之社，易为黍肉”，但因其更接近人情、人性的本原，因而具有更生动的色彩。

魏晋南北朝时期，传承了汉代社会风习，但稍有变化，这一时期的基层社会组织——“里”已开始让渡为地域性的“村”。村虽然大小不一，但“百家为村”的形态较为常见。因此，村社活动表现为“结综会社”的形式(即百家共立之社)，春社日，村邻纠集，准备社猪、社酒，在社树下搭起供台，祭祀社神，然后分享祭肉，百家共度社日，社日活动的规模较前代为大。秋社一如春社，“以牲祠社”，并有卜问年成的内容。此期亦由于佛、道信仰渗入，村社生活相应地发生了一些变化，出现了与佛、道有关的社会活动。

二 唐宋社日的全盛

唐宋时期，社日达到全盛状态，社日的欢愉成为唐宋社会富庶太平的标识。社日在传承汉魏以来神人共娱的传统同时，又补充新的节俗内容，社日不断地吸收民众的愿望与思想。从众多唐宋文人对民间的生动的咏唱中，我们在千年之后仍能感受到当时社日气氛的浓烈。

社日是妇女儿童的节日，在社日，勤劳的妇女有了难得的闲暇，“今朝社日停针线，起向朱樱树下行”。在唐宋的社日习俗中，妇女应停下手中的活计，避免一切劳作，参与社祀活动。宋代妇女，还有社日回娘家的习俗。社日，儿童亦兴高采烈。社日又岂止是妇女儿童的节日，成年男子更是社日活动的主角，他们共祭社神，分享社酒、社肉，笑语欢歌不绝，“春醪酒共饮，野老暮相夸”。社日是乡村的集体公共节日，家家参与，人人踊跃。唐人王驾咏社佳句给我们传递了社日宴乐的盛况：“桑柘影斜春社散，家家扶得醉人归。”诗人韩愈在社日中同样寻找到了身心的快乐：“愿为同社人，鸡豚宴春秋。”鸡豚社、鼓社、祈蚕社等社名称亦反映社日内容的丰富性，除传统的社酒、社饭外，还有表演性与仪式性更强的“社会”“社火”。即使是原来的社酒、社饭亦衍生出许多新的民俗功能，如社酒治聋，社饭宜子等。在礼教束缚较少的唐宋社会，社日给人们提供了狂欢的机会，民众在社日中的尽情娱乐，又为社日增添了喜气与热闹。

社日醉酒，在唐宋时代成为乡村社会的一道风景。为筹办社日宴饮，村社成员勉尽其力，“倾家酿酒无遗力，到社迎神尽及期”（陆游《剑南诗稿·社饮》）说的是到了社日这天，各家献上自酿社酒，在社树下聚饮共乐，一醉方休。社饮活动结束时，到处一片醉酒景象：“饮酒父老醉，寃峨相扶持。”在社日活动中，社酒给村社百姓带来了极大的快乐。社酒因为敬过了社神，也具有了灵气，“俗言社日酒治聋”，因此有人专门求取社日余酒。

社日是民众的假日，无论男女老少尽享社日欢愉，“共向田头乐社神”的娱乐狂欢成为社日的主题。由于里社之神供奉在村头地边，它与平民百姓没有空间的阻隔，因此在情感上神人亦易于沟通。在下层民众心目中，社神没有其他神灵那样的神秘与威严，社神具有平和的神格，“须晴得晴雨得雨，人意所向神辄许”。人们借着娱神的机会，击鼓喧闹，纵酒高歌。鼓与酒成为社日公共娱乐的两大要素。

鼓乐是古代社会的重要器乐，它用于祭祀与战争，鼓乐不仅具有易于调动公众情绪的鼓动功能，而且鼓还是召唤春天的法器。社鼓犹如春雷，唤醒大地，催生万物。《周易·说卦传》:“动万物者，莫疾乎雷。”鼓声即是对雷鸣的巫术模拟。在社日的公共娱乐中，鼓是必不可少的娱乐工具，鼓乐营造了社日狂欢的气氛。祭社用鼓至少在先秦即已成为定制,《周礼·地官》:“以雷鼓鼓神祀，以灵鼓鼓社祭。”唐宋时期社日尤为喧闹，“婆娑依里社，箫鼓赛田神”，“社下烧钱鼓似雷”，咚咚社鼓给人们留下了深刻的印象，所以有人径称社祀为“鼓社”。直到明清在仍保留有社日的地方，社鼓依然在公共娱乐中占有重要地位。后世还从社日的公共娱乐中发展出了名为“社火”的歌舞杂戏，明清时期江南社戏更是颇负盛名，当然它与原来的社日娱乐关系较为疏远。

酒是社日公共娱乐的催生剂，鼓能撼动天地，酒能沟通神人。酒是古今祭神的佳酿，迷信鬼神的殷商时代，亦是“沉酗于酒”的时代。从出土的众多青铜酒器中，我们可以窥见商人嗜酒的风习。据说酒可以充当神人交通的媒介，人们在迷幻中易于摆脱常规的束缚，暂时取得一种身心的自由，这大略是社日纵酒的理由之一，名为娱神，实是娱人。

社日在盛极唐宋之后，元明顿衰。虽然在一些地方（主要是偏远地区）仍有保留，有的还比较热烈，犹有古风，但社日在整个节日文化体系中乃至社会生活中的地位大大下降。秦汉以前，社腊并称，为一年中数一数二的重要节日，及至唐宋，社日依然盖过中秋、重阳诸节，成为民众生活的兴奋点。但元明之后，社日连保持一般节日地位都不可能。社日衰落的原因，有人说是元朝主政、蹂躏汉俗的结果。恐怕不仅仅如此，衰落的根本原因，当从社会结构内部变动与社会文化背景方面去寻找。

三 社日的衰变

需要特别指出的是，社日虽在元明之后失去了往日的喧闹，但并没有彻底消亡。其一，在明清时代社日虽已退出节日主干体系，但在一些地方它仍然存留，社鼓咚咚依旧。社日真正大面积消失是在晚清之后，我们从《古今图书集成》所引志书及清同治以后修撰的地方志的对比中，不难得出这一结论。其内在原因亦在于中国社会结构在近代才开始发生根本性的变化，即传统农业社会向近代工业社会的转变。但中国地域广阔，经济文化发展亦不平衡，在仍具备社日发生的社会土壤的偏远地区，社日依然保存着鲜活的形态。其二，社日虽然衰落，但社日中一些贴近人民生活的功能要素并未消失，这些功能大多转移、散落在二月诸节中，其中二月二保留社节习俗最多。

二月二依然保留“祀土神”“祈嗣”“送花

花”【图 1–16】、敲瓦、摇葫芦接妇女回娘家诸俗。从节日的某些具体内容看，二月二也可说是社日的别称，但必须指出的是社日之名毕竟失去，失去的也不仅仅是名称问题。二月二虽然亦有土地会之类集体活动，但占主导地位的节俗是以家庭为主的节日活动，是个人的祈祷行为。社日公共祭祀、公共娱乐的民俗特性很少留存。即使有些节俗仍在承传，但其功能已发生了改变。如妇女归宁，在宋代，是为了借助母系家族的生殖力量，以祈求子嗣；但在人口压力逐渐增大的近代，祈子问题不再成为民俗关注的中心，妇女归宁的民俗含义演变为“二月二，龙抬头，家家接女诉冤仇”。节俗成为调节个人心理及解决婚姻矛盾的方式，具有了协调社会关系的功能。民间社日的

图 1–16 二月二“送花花”（沈宇摄）

兴衰反映出人民在不同的社会文化背景下的文化创造及文化更新能力。

社日活动，在上层重在祭仪的庄严、隆重，在民间却成为百姓公共性的娱乐，当然敬神的意义也必不可少。从先秦至明清沿袭着“作乐以祀农神”的民俗传统，社日洋溢着村民质朴的娱乐精神，它没有近世庙会的商业气息，是一种纯粹的农业社会的公共性娱乐。

其实在娱乐之外，社日还有一项重要的民俗内容，即祈求子嗣与佑护生命。社日，尤其春社日，不仅祈求农业的丰产，同时也祈求人口的增殖。在古代社会，特别是上古时期，人口的增长是社会追求的目标之一。在生机勃发的春日，归来的燕子唤起人们的生命意识，“天命玄鸟，降而生商”的神话，即是将燕子视为生命的母体，“春分之日，玄鸟不至，妇人不震”。于是古代帝王以春燕归来为兆 ，在二月祭祀生殖之神——高禖。帝王及妃嫔一道祭祀婚姻生殖之神，并特意在祭神之后，酌酒让已有身孕的妃嫔饮下，并将弓箭插入她的弓套之中，表示男女交合的动作。这些象征性的仪式唯一目的是说明妃嫔的身孕为高禖所赐。这是春社期间典型的贵族化的求子仪式，它以象征性的行为来完成，而早期民间春社活动中的求子行为，是直接男女交欢。楚之云梦，宋之桑林为当时著名的社祀之所，亦是男女春嬉冶游之地。政府为了鼓励人口生产，《周礼·地官·媒氏》:“中春之月，令会男女。于是时也，奔者不禁。”仲春社日的男女相会祈求子嗣的习俗，在秦汉之后，由于儒家伦理观念的影响，变得含蓄而隐晦，但在局部地区仍有春社男女相会的遗风。贵州黎平侗族“赶社节”即为一例，在“社场”上，青年男女对歌传情，晚上邀姑娘到寨中吃社饭，然后尽情欢唱。

社日的男女交往，在唐朝仍被允许，妇女能够参加社祭活动。宋代社日妇女一般不参加社日祭祀，而出现了妇女“归宁”的习俗。已婚妇女借社假回娘家看望,但这一习俗亦与祈子有关。《东京梦华录》记载：社日“人家妇女皆归外家，晚即归，外翁、姨舅皆以新葫芦儿、枣儿为遗，俗云，归宁宜良外甥”。妇女在娘家得到的礼物葫芦、枣子等，均为民间祈求早生子、多生子的象征物，表达了外家对外甥的期待。

社饭亦有祈子的象征意味，宋代社饭将荤素菜切成“棋子（谐音祈子）片样”,明清荆楚社日，用葫芦盛社饭遗送乡里，其包括祈求生殖力量的意义，不言自明。

人们不仅在社日中祈求新的生命，而且希望社神福佑生灵。社肉、社酒、社饭，凡是社日与神分享的食品，均具有非同寻常的意义。社日酒可以治聋，还可以帮助小儿早日开口说话，甚至可以杀灭蚊虫。社日的祈福功能，还体现在其他社日民俗中，如“享寿星”“求计算”“乞聪明”等，反映出民众将社日不仅视为农事节日，而且也视社日为养生、护生及祈求心智发展的节日。社日民俗内容不断地适应着民众身心发展的需要，它既是民众心理的投射，又反过来增添节日情趣，服务了民众生活。

社日的娱乐与祭祀同样有着强化社区传统，沟通社人情感的作用。集体性的祭祀与娱乐是社日的两大主题，它们适应了村社成员生活与心理的需要。村社成员在同一地域环境下朝夕相处，有着大致相近的经济利益与社会利益，在较早的时期应该还有部分村社公产，相互之间在生产、生活上彼此亦有着较多的互助的需要，因此以祭社为中心结成较为牢固的村社共同体，并且在村社共同体内逐渐形成自己的文化传统。

第四节　清明节

清明，在民间号称三大“鬼节”之首。“鬼”在古代社会并非贬词，人死为鬼。鬼者，归也。人离开现世，归向一特定的神秘空间，是传统中国人魂灵信仰的有机组成部分。中国境内民族大多有清明或类似清明的祭祖日，对祖先的追悼与祭祀是传统社会民众生活的重要内容。时至今日，祭祖仍为民俗生活中的大事。每年清明时节，不仅环居祖墓的亲人要上坟祭扫，大批港、澳、台同胞及旅居海外的华人同样纷纷赶回祖籍，祭奠祖灵。而陕西桥山黄帝陵、轩辕庙作为中华民族的重要祭祀地，每当清明时节，民族亲情都在这里汇集、凝聚，从虔诚拜叩的肢体语言中，我们能读出“血浓于水”的民族情缘。

一　清明节的由来

1. 清明节气

传承至今的民俗节日中，唯有清明是以节气兼节日的民俗大节（冬至虽在历史上有相当地位，但现今影响较小，局部地区除外）。作为二十四节气之一，清明最初主要为时令的标志，时间在冬至后一百零七日、春分后十五日，公历的四月五日前后。《淮南子·天文训》说：春分后十五日，北斗星柄指向乙位，则清明风至。清明风古称八风之一，它温暖清爽；在和煦的春风之下，天地明净，空气清新，自然万物显出勃勃生机。“清明”节气由此得名。清明是春耕春种的农事时节，农谚曰：“清明前后，种瓜点豆。”清明在农事上的指导意义至今仍服务着农人的生产活动。汉魏以前，清明主要指自然节气，它是与农事活动密切关联的一般节令。

2. 寒食是清明节俗的源头

后世成为清明重要节俗内容的祭祀活动，此时由另一民俗节日承载，这就是寒食节。寒食在清明前两日或一日，禁火冷食、墓祭及巫术性游戏等构成寒食节俗的特殊景观。

清明真正成为民俗节日是在唐宋之后，它走了与传统节日生成的不同路线。古代节日一般依据节气时令，但脱离节气时间点，另外生成民俗节日，立春到新年、夏至到端午走的就是这一路径。但清明却没有沿用这一文化习惯，它将寒食节俗收归到自己名下，与此同时清明也改变了自身性质。清明在唐宋后具有时令与节日的双重意义，并且其节俗意义日渐增强。四时八节中，清明出现较晚，影响却相当突出，缘何如此，耐人寻味。

清明虽然晚出，但它有着久远的历史源头，是传统春季节俗的综合与升华。对于祖先的祭祀，中国向来十分重视，上古四时祭仪中春季祭祀宗庙的大礼称为春礿（后为春祠）之礼，当时尚无墓祭的礼俗，要祭逝去的先人，就立一名为“尸”的神主在宗庙祭祀。春秋战国时期，墓祭风气渐浓，据《孟子》记述的一则笑话说：在齐国有一个无所事事又颇好脸面的穷人，其人外出，常常醉饱归家，声称自己有诸多富贵朋友，对妻妾颐指气使，其妻生疑暗地跟踪，发现丈夫并不是出入于富贵之家，而是乞讨于墓地之间。由此可见，当时已经有了以酒食在墓区祭拜先人的习俗。但这种习俗似乎还限于有一定社会地位的人家，对于身份低微、财力薄弱的庶民阶层来说，并不普遍。汉代随着儒家学说的流行，宗族生活的扩大，人们因现实社会生活的需要，返本追宗观念日益增长，人们对于祖先魂魄托寄的坟墓愈加重视，上墓祭扫之风转盛。当然，受过刑罚肢体伤残的人，是不能上墓地祭祀的，因为古有名训：身体发肤受之于父母，不得毁伤。所以肢体残缺者，没有资格去见祖先。

唐人沿袭前代祭墓风俗，并扩大到整个社会。从《礼经》的记载看，古代并没有春季上墓祭扫的例规，但唐时已成风气。唐玄宗鉴于士庶之家无不寒食上墓祭扫，于是下诏："士庶之家，宜许上墓，编入五礼，永为常式。"朝廷以政令的形式将民间扫墓的风俗固定在清明前的寒食节，由于寒食与清明节气日的相连，寒食节俗很早就与清明发生关联。寒食禁火，清明取火，扫墓亦由寒食扩展到清明，唐人已将寒食清明并称。白居易《寒食野望吟》描写寒食情景："乌啼鹊噪昏乔木，清明寒食谁家哭。"每至清明，"田野道路，士女遍满，皁隶佣丐，皆得上父母丘墓"（柳宗元《与许京兆书》）。清明不仅从寒食中分担了祭墓的功能，同时它也将一些原本属于寒食节日的游戏娱乐置于自己名下，如蹴鞠、秋千是寒食的著名节俗，这时也已成为清明的娱乐，杜甫《清明》诗云："十年蹴踘将雏远，万里秋千习俗同。"如果说唐朝寒食与清明并列，清明地位逊于寒食的话，那么宋朝清明已基本上完成了对寒食的置代，除禁火冷食仍为寒食特有的外，清明已承担了许多原属于寒食的节俗功能。明清时期，寒食除在局部地区留存外，在多数地区已经消失，春季大节除新年外唯有清明了。

二　清明的节日地位

岁时节日是民众时间段落标志，时间在传统的民间生活中，并不是我们今天所理解的那种匀速的物理性的时间。时间对于他们来说，有着各不相同的性质，时间的性质依据其阴阳五行的属性确定。因此传统岁时节日在民众的时间分类中，被区分为人、鬼、神三类：人节有春节、端午、中秋；鬼节有清明节、中元、十月一；神节有三月三、六月六、九月九。人节重在人伦活动，鬼节重在追怀亡人，神节自然是祭祀天神。事实上，三者在民间节俗中常常互相牵连，人事活动离不了鬼神的襄助，鬼神的祭祀也最终是为了现世人间生活。古人早就认为，人死为鬼，鬼有善恶，作为逝去的先人，自然是善鬼一类，需要得到虔诚的奉祀。在四时祭祀中，祖先祭祀一直是主要的祭祀内容，“鬼”字在古代并无贬义，旧释为“归”。如果从信仰的角度分析，大概是当时人认为，人死后回到原来的地方去了。人鬼只是与自然神灵相对的鬼灵，后代因信仰的变化，“鬼”偏于贬义，因此祖先不称人鬼，而称为祖神。但在一些少数民族地区或传统古俗保存较多的偏远乡村，仍有家鬼与野鬼的区分。在三大悼亡节中，清明为首，后世一般不直称清明为鬼节，而对于中元、十月朔则普遍以鬼节名之。其中的细微区别在于，清明重在祭墓祭祖，表达孝思，其他二节重在祭亡，对孤魂野鬼也一体关照，希望通过祭祀安抚鬼灵，防止游魂作祸。

三　清明节俗要素

1. 祭祖扫墓

祭祖扫墓是清明节俗的中心。一到清明，人们就忙着上坟祭扫，湖北民谚："三月清明雨纷纷，家家户户上祖坟。"无论城郊还是乡村，清明祭祖扫墓都显得出奇的热闹。古代帝王宫廷祭扫陵墓的声势与排场自不必说，就是一般百姓也是提篮担盒、携纸将烛，竞上墓地。祭扫的时间并不限定在清明当天，在前三天、后四天的范围内均可。民间有"清明朝祖，前三后四"之说。这样的习俗规定显然为人们提供了时间选择上的便利，特别对城市居民来说，不必拥挤在清明当日的出城人流之中。

上坟祭扫，包括两项内容：一是挂纸烧钱，一是培修坟墓。唐代以前已有烧钱祭亡的习俗，但因寒食期间禁火，墓祭亦不能火化纸钱，人们将钱纸插、挂在墓地或墓树之上，有的压在坟头，表示后辈给先人送来了费用。这种因禁火而改变的祭祀习俗在当时曾受到一些人的质疑，"三日无火烧纸钱，纸钱哪得到黄泉"（王建《寒食行》)。但民间习惯一经形成，就往往成为一种特定的民俗传统，它在后世已不禁火的环境下仍然流传，挂钱成为清明墓祭的特色之一。随着寒食禁火习俗的松懈，清明祭墓的流行，在清明墓祭中，人们不再忌讳烧纸钱，再说清明本来就是钻取新火的日子，“神前新火一炉香”，自然有它的灵应。烧纸钱与挂纸钱的习俗并存。近代武汉特重清明墓祭，称为“山头祭”，祭扫那天，晚生后辈都要披麻戴孝，持祭幡，燃红烛，供宝饭，奉金元。富贵人家要烧 91 斤纸钱，表示对死者“九死一生还”的祝愿，供奉的食物中，必须有肉包子和香饼，以便死者在生还转世步出阴间时摆脱恶狗的缠噬。

修整坟墓，培添新土，清除杂草，是清明扫墓的又一活动。在雨水到来前的春季，人们借清明祭祀的时机，对坟墓进行清整，既保全了先人，又尽了孝心。唐人就很在意这种习俗行为，“但有陇土无新土，此中白骨应无主”（王建《寒食行》)，由墓上有无新土可判断墓主有无子孙的存在。现在某些乡村仍以清明祭墓活动的有无作为家族是否绵延的标识，民间有“有后人，挂清明，无后人，一光坟”的说法。清明祭扫在传统的宗法社会里的确不能等闲视之。民间也有一套自发形成的习俗压力，“清明不祭祖，死了变狗猪”的俗谚，正是对试图不履行祭祖义务的人的告诫。

清明祭祖【图 1–17】除扫墓的“山头祭”外，后世还有祠堂祭，称为“庙祭”。庙祭跟古代春礿之祭有着密切的关系，二者虽然在时间上相距遥远，血脉确实相通。庙祭是宗族的共同聚会，有的地方径直称为“清明会”或“吃清明”。在祭祖仪式结束后，族长主持共商族内大

图 1–17 清明祠堂祭祖
北京民俗博物馆藏

事，申诫族法家规，最后会聚饮食。以同食共饮的形式分享祖宗福分，团聚宗族，是古已有之的传统，所谓“以饮食之礼亲宗族兄弟”。如《诗经·公刘》所记：“执豕于牢，酌之用匏，饮之食之，君之宗之。”后世祭祖费用一般由专门祭田田租开支，祭田为祖业族产。近代浙江云和就有特设的“祭神租”，每年由各房轮值，承值者在清明要备办酒席招待扫墓的族人，来的人越多越好，称作“散祭神”。有的按房分桌，房下人丁兴旺的坐位不够，就站在桌角挤着吃，也都高高兴兴的。有的一人或两三人一桌，吃得眼泪汪汪，为本房人丁衰微而伤感。

清明处在生气旺盛的时节，也是阴气衰退的时节，人们一方面感念祖先亲人的恩惠，同时以培土、展墓、挂青的形式显示后代的兴旺。祖先在坟墓里安住，关系到子孙的繁荣，子孙的发旺又能保证祖先的安宁与香火的延续，这是一种“互惠关系”。这样，祖先墓地不仅是生命之根，同时也是情感之结，在传统社会里，人们无论走到哪里，都牵挂着乡里庐墓。

2. 踏青游春

踏青是清明的又一重要节俗【图 1-18】。清明时节，杨柳青青，自然界生机一片，人们借祭墓踏青郊游。祭墓与踏青原来分属寒食与清明，唐代以前寒食与清明是两个主题不同的

节日，一为怀旧悼亡，一为求新护生。寒食禁火冷食祭墓，清明取新火踏青出游。一阴一阳，一息一生，二者有着密切的配合关系：禁火为了出火，祭亡意在佑生，这就是后来清明兼并寒食的内在文化依据。清明时节的户外运动，其原始的意义在于顺应时气，是月生气方盛，阳气发泄，万物萌生，人们以主动的姿态顺应、进而促进时气的流行。踏青、蹴鞠、秋千、拔河、放风筝【图 1-19】、斗蛋等大都是有助于阳气发

图 1-18 马远《踏歌图》(局部)
北京故宫博物院藏

图 1-19 清代北京人清明放风筝

散的活动。当代山东仍有这种古俗的传承，清明儿童在村外踏青时，有的用柳条做成口哨吹，有的仰脸大口呼气，以泄内火。宋代是生活日趋都市化的时代，也是民俗向娱乐方向发展的时代。宋代为了让人能在清明扫墓、踏青，特地规定太学放假三日，武学一日。此时的寒食不仅收容在清明节下，清明踏青习俗也得到前所未有的兴盛。史称“四野如市”，“都城之歌儿舞女，遍满园亭，抵暮而归”。(《东京梦华录》卷七）《清明上河图》就更直观形象地为我们展示了清明时节宋代都市居民出行的生活图景。

3. 插柳驱邪，戴柳护生

插柳或戴柳是清明特有的风习时尚。柳树

为春季应时佳木，得春气之先。在四野一片苍茫之际，柳树最先吐出新绿。柳树易栽易活的生存特性，显示出其生命力的强旺。因此在古人观念中，柳树非普通林木，它有着神奇的效用。清明的新火就取自柳榆木。据说民间新火的传递亦是以柳条传送。贾岛“晴风吹柳絮，新火起厨烟”的诗句大概吟颂的是这一情形。柳木不仅带来新火，而且它很早就具有驱邪避鬼、护佑生灵的功用。民间向有以桃弓柳箭削减煞气的做法，柳木号称“鬼怖木”。《齐民要术》有“取柳枝著户上，百鬼不入家”之说。这就是“三月清明门插柳”习俗的心理根源。宋代清明节已“家家以柳条插于门上”【图 1-20】，说是可以“明眼”，也就是能明辨鬼邪，看住家门。后世沿袭了插柳的风习，如近代寿春“清明日，家家门插新柳，俗意谓可祛疫鬼”。新柳一般由人们在祭墓踏青时在墓地野外折回，宋人诗曰：“莫把青青都折尽，明朝更有出城人。”

图 1-20 用柳条将子推燕串起来，挂于门上，是山西一带清明节的习俗。

墓地植柳是上古旧俗，“庶人无坟，树以杨柳。”至今山东枣庄人出殡时仍用柳枝作哭丧棒，葬毕，插于坟前，故在野外见有柳树处，即为墓地。墓柳自然有特别的灵异。

除门户插柳外，清明还有戴柳的习俗。人们以结成球状的柳枝或柳叶戴于头上，民谚曰：“清明不戴柳，红颜成皓首。”城居的人们很喜欢这一习俗，鬓插青柳，既吉祥又有生气。清代一首竹枝词描写了此情此景："清明一霎又今朝，听得沿街卖柳条。相约比邻诸姊妹，一枝斜插绿云翘。"（杨韫华《山塘棹歌》）这是古代佩饰习俗的传承，它与人日戴胜、端午佩艾等民俗有着相同的信仰与美饰性质，意在消灾远祸。插柳与戴柳在民间还有招魂与安魂的解释，有说插柳是为介子推招魂，有说"插柳留春"。事实上，春夏之交因气候的关系人们易受季节性的疫病侵袭，人们为了顺利度过这一危险时段，于是利用清明节俗预先进行禳解。这正是清明戴柳、插柳的原始民俗意义。青柳留春，意味着在春季将逝的时节，人们用青青的柳枝来象征对青春的挽留，"留青"，也就留住了"红颜"，留住了生命。

清明自唐宋成为民俗节日之后，在节俗内容不断扩张的同时，节俗的根本性质虽然没有发生大的改变，但随着社会生活的演进，清明节俗较早出现了由神圣祭祀向世俗娱乐转化的趋向。这种趋向在都市表现得尤其明显，清明祭墓在那里成为踏青春游的假日，墓前分享祭品的习俗变成了郊游的野餐，插柳日在民国时期也变成了"植树节"。清明节俗的新变化反映了岁时习俗演变的一般趋势。当然由于中国历史文化的特性，中国人的血亲观念与尊亲意识依然浓厚，清明仍被视为国人认祖归宗的孝心展示日，“清明到，儿尽孝”的民俗图景至今在城乡仍历历可见。在现代生活的快节奏下，有时真的得暂停脚步，回到自然，回到祖先安息的地方，重温先人的智慧，聆听传统的声音。

春天是生命力勃发的季节，春天的节日充满对生命与丰收的期待，我们从春节迎春、元宵祈年、社日礼地与清明祭祖踏青都看到中国人的自然观、历史观与生命观。中国人虽然经历了无数的悲苦，但永远期盼享受着春天的节日，因为春天有希望的田野。

第二章　夏之故事

夏季是长养的季节，夏季的岁时节日围绕着夏日时令与农业生产及社会活动需要展开系列的节日活动。因为气候与农事繁忙的关系，在传统节日设置中，夏季节日较少，主要有浴佛节与端午节。浴佛节是在中国历史上形成的具有明显宗教特征的节日，它将中国人立夏时节的时节民俗融入其中，内容丰富多彩。端午节是中国古老的节日之一，它倚傍夏至节气，其节俗中充满了阴阳变化的观念，龙舟、粽子、艾草至今仍为端午的节日标志性节物，为夏季最为盛大的节日。

第一节　浴佛节

“四月八，拜菩萨”是至今仍然流传民间的俗语，它说的是农历四月八日的浴佛会，也就是佛祖诞生时的洗浴日。据说摩耶夫人在无忧树下生下了佛祖，佛祖落地便能行走，他举目四顾，一手指天，一手指地，自称：“天上天下，惟我独尊。”当时天雨香花，九龙吐水，为佛祖洗浴。这就是浴佛习俗的由来。

一　浴佛节的形成

历史上的浴佛会，汉末三国时已经出现，魏晋南北朝时期已成为民俗节日。魏晋南北朝时期是佛教文化深入社会的时期，在帝王的亲自倡导下，民俗信仰中融入了众多的佛教因素，直接影响到民俗生活形态。在岁时生活方面，不仅内容上汲纳了佛教因素，而且在佛教文化的推动下，人们有选择性地接受了佛教的时间观念，并将它与中国固有的传统时节结合，推出了新型节日，四月八日浴佛会（龙华会）是其中之一。浴佛会与中国传统的立夏时节对应，从节俗形成心理看，它依托的是自古相传的夏日祭祀信仰，传统的祭祀与佛教的传说结合成就了新的民俗节日。

1. 佛门的浴佛会

浴佛会又称龙华会，以四月八日浴佛为主要内容的龙华会六朝时盛行一时。《荆楚岁时记》记："四月八日，诸寺各设斋，以五色香汤浴佛，共作龙华会，以为弥勒下生之征也。"《高僧传》具体描述了浴佛的情形："四月八日浴佛，以都梁香为青色水，郁金香为赤色水，丘隆香为白色水，附子香为黄色水，安息香为黑色水，以灌佛顶。"《浴像功德经》开列的香汤处方为：牛头旃檀、紫檀、多摩罗香、甘松、芎䓖、白檀、郁金、龙脑、沉香、麝香、丁香等。四月八日浴佛成为六朝新兴的民俗宗教节日。

浴佛的佛事仪式一般由寺庙主持，场面盛大。三国吴人笮融督广陵、彭城漕运时，"每浴佛，多设酒饭，布席于路，经数十里，民人来观及就食且万人，费以巨亿计"。南北朝时浴佛活动依然隆盛，北朝情形暂且不说，南朝浴佛活动已由主要寺庙扩展到一般家庙，由僧侣扩大到一般信众。沈道虔家累世事佛，他将父亲的旧宅推倒改为佛寺。每到四月八日就要请神像，请像之日，往往举家感慨悲恸。以家居为寺庙，虽简陋、随意，但正由此反映出当时佛教影响民间的程度。

南朝的另一事例，也说明了浴佛活动的社会性，似乎浴佛已不限于寺庙之中。敬宣八岁丧母，昼夜号泣，人们都为之感动。四月八日，敬宣见众人灌佛，于是取下头上的金镜为母亲灌像，因之悲泣不能自已。从沈道虔、刘敬宣四月八日浴佛念亲的情感表现看，四月八日浴佛仪式已与中国人的孝亲观念粘连，成为纪念先人亡灵的斋戒祭祀活动。浴佛是佛祖诞生仪式的一部分，浴佛用“五色香汤”，表明中国信众不仅将自古相传的香汤沐浴习俗引进了佛门，而且也将阴阳五行观念渗入到佛事活动之中。在立夏时节行此习俗活动，它要表达的观念是养生与护生。

2. 中国化的浴佛节

浴佛节这一节日，从其内容到形式看，它无疑是佛教信仰的产物，但它同时是佛教仪式中国化的产物。这一节日出现在六朝，出现在立夏之月，是一种文化选择的结果。它依托佛祖诞生的故事，表达着中国民众对时间的感受与对生存的关怀。

要将浴佛会作为域内外文化交融的节点，就得从浴佛会的日期与“龙华会”的名称说起。据研究，在佛教诞生前的印度，洗浴自身及洗浴圣者除秽已成为普遍的社会风习，佛教大概继承了这一婆罗门教的传统，因此在佛经中记述了佛祖诞生时由龙王喷水清洗的故事，浴佛仪式即据此传说而来。浴佛的时间在印度原为一月两次，直到唐时印度依然如此，“大者月半，月尽合众共为，小者随己所能，每须洗沐。斯则所费虽少，而福利尤多。其浴像之水，即举以两指沥自顶上，其谓吉祥之水”（《南海寄归内法传》卷四）。中国信众将佛教的日常洗浴佛像仪式，转变为一年中特定的节日，并且将它固定在四月八日，这大概与中国原始的宗教观念与传统的时间观念有着密切的关系。

3. 孟夏雩祭

中国自先秦以来就有求雨的雩祭，雩祭的时节在孟夏之月。古代民众依天时行事，通过观测星宿所在的位置来实现对天时的把握。东方的苍龙星座很早就被视为季节时候变化的坐标。孟夏时节，苍龙星座在黄昏时分显形于东南，人们观此，知道夏季已至，而夏气属阳，随之而来的是阳气的高涨，阴阳的悬差，可能导致酷热少雨。为了保证生活的顺利、阴阳的调和，人们在龙星出现时，即举行祭祀仪式，所谓“龙见而雩”。

东汉时国家行雩礼求雨，“闭诸阳，衣皂，兴土龙”。由于孟夏阳气太盛，招致旱情，因此要损阳益阴，使阴阳相和，“求雨之方，损阳益阴”。民间以水日祀灶，以丙丁日祭赤龙，并以人事影响上天，在四季的庚子日，吩咐官吏百姓夫妇，大家都要男女偶处。凡求雨时，一般男子要隐居于家，女子与男子和合欢乐。先秦雩祭，童男童女八人青衣而舞，亦蕴蓄阴阳谐和之意。孟夏月协调阴阳、和合男女的习俗历代相沿，所谓“会男女，恤怨旷”。

随着佛教的传入，佛经中有关龙王吐水洗佛的浴佛传说与浴佛仪式一道传入汉地，汉地百姓以固有的认知方式对待外来习俗，他们汲纳了浴佛仪式，同时将它纳入中国的传统节俗系统之中，以阴阳五行的观念理解浴佛仪式，灌佛的行为在民众看来同样有抑阳助阴的含义，而诞生礼与阴阳和合之间也有着潜在的关联，因此传统的雩祭习俗与外来佛教文化交融衍生出浴佛的节日来。

4. 僧俗共享的浴佛节

在中国传统的时间观念中，四月是阳气上升的时节，亦是长养的时节。人们的生活习性要适应这一自然环境的变化，达到与天道的协调。在佛教传入中国之前，人们以雩祭的仪式主动与天道沟通，以实现秩序的和谐。佛教传入中国之后，人们感念佛法的威力，借宗教力量来保证人与自然的和谐；而佛教依托中国人这一信仰心理以纪念佛祖、弘扬佛法。从《荆楚岁时记》记佛家四月十五日“结夏”的习俗中，也可见当时佛门对中土自然物候的适应。本条注文说，夏乃长养之节，在外行恐伤草木虫类，故九十日安居。《禅苑宗规》说炎热的夏季是："法王禁足之辰，是释子护生之日。"佛家文化与中土文化二者相互借助、相互补益，从而在立夏时节推演出僧俗共享的节日。

二 浴佛节节俗撷英

1. 佛豆结缘

四月八日，在佛门是礼佛的良日，佛寺借浴佛活动播扬佛法，汲纳信众，强化僧俗之间的社会联系。例如，施豆是浴佛活动中的一项内容，佛寺以熟豆施于来寺庙的人，称为"结缘"。也有民家在这天散缘豆的，河北涿州民间妇女平时以黄豆计数念佛，念佛一声，拣豆一粒。到四月八日，人们将豆煮熟，供于佛前，然后分给众人食用，也称为"结缘"。《红楼梦》第七十一回，记述了贾府准备缘豆的事。贾母请来两个姑子帮助拣佛豆儿，说是可以积寿。两姑子吃了素食后，"洗了手，点上香，捧过一升豆子来。两个姑子先念了佛偈，然后一个个的拣在一个簸箩内，每拣一个，念一声佛。明日煮熟了，令人在十字街结寿缘。"

2. 乌饭供佛

四月八日的节令食品除了佛豆儿，还有乌饭。乌饭又叫青精饭，用杨桐叶染成，本为道家或民间的一种斋戒、冷食的食品。如唐陆龟蒙《道室书事》诗云："乌饭新炊芼臛香，道家斋日以为常。"后来佛家接受，四月八日寺庙以乌饭供佛，并招待香客。侗族四月八日姑娘节，人们也吃乌饭【图2-1】。

图2-1 乌饭

3. 放生

四月八日，民间流行"放生会"。人们认为在佛诞日放生，比平时更有效果。说此日救生一命，能比平时多十万功德。因此江浙一带，人们买大量的鱼鸟这天集中放生。杭州西湖是有名的放生地，清朝在这天放生人数以万计，放生的鱼鸟以百万计。

4. 祈求子嗣

在一般百姓那里，四月八日的主题是和合阴阳、消疾除灾。在佛教流行的时代，人们很容易将自然崇拜转为佛祖的信仰，以佛法福佑人生。

孟夏四月，苍龙星座跃出了地平线，苍龙为阳物，苍龙的出现象征着阳气的旺盛，而苍龙的尾宿在古代被视为主掌生育的星辰。《史记·天官书》"尾为九子"条下有《索引》引宋均注文："(尾宿)属后宫场，故得兼子。"由此可见，尾宿既是妃嫔的象征，又是生殖星神。汉代的画像石的天文星图上，尾宿常处东方位置，东方主生，在墓葬中描写星图体现了古人的死生观念。人们围绕着四月八日开展了多种民俗活动。其中重要的一项活动也就是与尾宿有关的求子。据《荆楚岁时记》(佚文)记:“四月八日，长沙寺阁下有九子母神，是日，市肆之人无子者，供养薄饼以乞子，往往有验。”九子母神显然是尾宿在人间的化身，自然她有着非凡的生殖力。

明清时期，四月八日仍是婚姻求子的吉日。广东澄迈县，“四月八日，细民之家凡婚姻亲事有未知择日者多于是日举行”。(《古今图书集成·岁功典·孟夏部》。下引未注明出处者均出自本书)百姓婚姻要择吉日良辰，如果没有择日的知识，那也不要紧，四月八日就是一个吉利的婚姻日，它既是偶数日，又是佛诞日，生殖力量一定强旺，因此人们要在这天借助佛力，祈求子嗣。江南泰州“四月八为浴佛日，妇女有相约诣尼庵拜礼及祈求子息还愿者”。

北方诸县在四月八日或十八日多有香会，男女同游，如直隶保安州“四月十八日泰山演戏十二天，男女昼夜进香，四方商客、游人颇多”。太谷县“四月八日凤景山顶有大佛寺男女登临拜祷”。在礼教甚严的古代社会，庙会、香会给男女提供了交往的机会，男女的同游，自然有利于阴阳的谐调，子嗣的繁衍。

5. 求雨祈年

在传统的乡村社会，人们的一切文化活动都围绕着生存的需要展开，除人口的繁衍外，农业生产是人们无时不关心的问题。四月八日的浴佛拜神，在一般乡民那里还多有祈雨祈年的意义。河南《真宁县志》记："四月八日灵湫神会各府州县拜迎圣水祈年。"嘉庆《浚县志》记："四月八日为'佛诞日'，诸寺院作会，农人望雨尤切。谚云：'立夏不下，犁耙高挂。'"南方乡村还保持有古代龙祭遗风：湖南的湘阴县"四月八日各社庙开门造龙舟"，广东的始兴县"四月初八，三门乡老迎龙头祭洗。是日遂鸣锣击鼓至街市各家写造龙舟费用，以二十八日起龙舟竞渡至端阳止"。从这里我们不难发现洗龙头同浴佛的内在关联，浴佛的意义在印度可能主要在于清洁除秽，但传入中国之后，浴佛仪式中的香水灌顶可能就成为施行巫术的手段，灌水具有助阴抑阳的象征意味，龙舟的嬉水仪式追根究底亦在于阴阳的调和。这就是浴佛在中国演为民俗节日的内在心理依据。

6. 护佑儿童

四月八日还是除病消灾的特别时日。由于立夏之后，暑气上蒸，人们注意身体的保养，尤其是孩童的身体保健。这时寺庙为百姓提供特别的保健服务。福建尤溪"四月八日为浴佛日，儿童饮甘草汤，云消灾。其汤，俱诸寺僧浴佛毕，以其余分送各施米者"。浴佛神水，分送信众，保健消灾。天花痘症是古代儿童成长的大敌，人们在此病多发季节提前预防，当然这是一种具巫术意义的预防。江南崇明“四月初八日，居民遍走闾巷送糖豆，谓小儿食之，可稀痘”。

7. 驱除虫害

在荆楚地方，四月八日还是驱除害虫的日子。人们在这天要在室内贴上“佛”字或一道咒语，以避虫害。据同治《郧县志》：“四月八日为‘浴佛会’。荆楚皆以是日诸寺各设斋，以五色香水‘浴佛’，作‘龙华’，以为弥勒下生之征。今俗多用朱书咒语，谓之‘嫁毛虫’。”驱虫的咒语为：“佛生四月八，毛娘今日嫁，嫁到山中去，永世不回家。”由浴佛仪式到民众借佛力驱灾，体现了中国民众对佛教信仰的实用性态度，这也正是民众将宗教时间观纳入中国传统时间观范畴、将佛教浴佛仪式纳入中国节庆体系的根本原因。

中国民众根据自身的文化需要，有选择地汲取佛教文化因素，他们崇信佛法，是为了借佛祖之力保证在年度周期的顺遂安宁。佛教信仰能够融入中国节日体系，也表明佛教文化在六朝时进入中国社会的深度。汉魏以后，中国民众生活出现了诸多新变化，他们大都与佛教文化有着直接或间接的关系，浴佛节是其表现之一。

第二节 端午节

端午时节的湿热，容易造成疾病流行，传说这时，瘟神降临人间，在人间布瘟行疫。人们为防病、驱疫，常在门口挂上艾蒿、避瘟葫芦、贴天师画像等。端午节在传统社会的民间生活中主要是避瘟保健的“卫生节”。当然对爱国诗人屈原的纪念也很早进入了端午节俗之中，并且强烈影响着端午节的历史地位。今天的端午节又称为“龙舟节”“诗人节”“粽子节”，从众多节日名称中我们仍能感受到它的生命活力。作为具有千年历史的端午节，其影响范围广阔，虽然各地自然风土与人文环境有所差异，具体节日习俗上各有侧重，甚至不同，但从总体上看共性大于差异，并且从根本的季节感受与身体保健期待看是完全一致的。端午节是中国人的共同节日，2009年被列入人类非物质文化遗产，端午又属于人类共享的文化财富。

龙舟翻腾的端午，在过去却是一个人人自危的“恶日”，我们要揭示其中的奥秘，就不得不从传统社会民众的时间感受说起。在带有原始思维的民间社会，时间并不具有同一的中性性质，太阳同样是东升西落，但时间却具有不同的伦理属性，它们有善有恶，善恶的标准是看时令对于人生来说是利还是不利。正月为一年之首，又正值春回大地，万物萌生的时节，正月自然是人们欢呼雀跃的喜庆之月。仲夏五月却是令人忧心的不祥时节。

一　端午与夏至古老习俗的关系

端午作为五月五日的节名，就目前所见资料看，始于魏晋时期。晋人周处在《风土记》中有如下记述：“仲夏端午，烹鹜角黍。端，始也，谓五月初五日也。”端午本是仲夏月的第一个午日，即夏历的午月午日。后人们用数字记时体制取代干支记时体制，以重五取代重午，但仍保持着端午之名。在端午这一人文节日形成之前，夏季的节俗集中在夏至，人们对夏至时节天文物候的观测与理解，构成了夏至节俗的基本内容。端午的出现削弱了夏至时间点的标示意义，但事实上，端午以夏至时节为时间基础，端午节俗的核心是人们对夏至时节的时间体验，端午与夏至在六朝曾经并重于世。随着岁时节日体系的完善，端午最终替代了夏至，但夏至的节俗功能大都潜移至端午节俗之中。

汉代以前属月令时代，人们重视自然节气的时间点。仲夏五月的重要节令是夏至，虽然五月五日在汉代已属特殊时间，但夏季的主要节俗还是集中在夏至。《礼记·月令》很严肃地对待这一时间点："是月也，日长至，阴阳争，死生分。君子斋戒，处必掩身，毋躁。"夏至是阴气与阳气、死气与生气激烈争斗的时节，人们在这一时段，要保持身心的安定，要禁绝各种情欲，尤其是色欲；行政事务亦应采取"无为"的治理方式。在古人观念中，自然节令日是阴阳运动的关键日，也是人们精神紧张的时日，因此小心避忌，谨慎过关，是当时人的节日心态。

由于夏至时节阴阳二气的激烈争锋，阳迫于上，阴动于下，蛇虫出没，暑毒盛行。人们在这样恶劣的环境下，感受到生存的困难，因此人们将夏至所在的五月，视作"恶月"。既是恶月，自然会有诸多禁忌：不宜盖屋，"五月盖屋，令人头秃"；不宜赴官，"五月到官，至免不迁"（《风俗通》佚文）；不宜生子，"讳举正月、五月子，以为正月、五月子杀父与母"（《论衡·四讳》）。重重的禁忌表达了汉代人对五月人生的关注。我们在注意到五月自然气候对人的生存状态的影响时，更应该看到汉代人对五月的认识是基于一种文化观念。在《夏小正》时代，五月并没有被视作恶月，那时只有蓄兰、蓄药保健身体的习俗。汉代是神秘思想流行的时代，人们以阴阳五行的观念看待自然时空的变化；就阴阳五行的观念看，五月是阳气最盛的时刻，也是阳气开始衰微的时刻。在这样的时间关节点上，人们自然心存恐惧，五月也就被赋予恶的伦理意义。因此，一系列死亡型的故事也与五月发生了关联。这种五月为恶月的看法，主要也集中在北方。五月北方酷旱少雨，人们在这恶劣的时节只有静养“以顺其时”。

汉魏以后，受阴阳术数观念的影响，北方民间逐渐将夏至节俗与人们对五月的看法聚焦到五月五日这一时间点上。而五月五日最初来源于午月午日，在干支历中，以地支记日月，午月即在天文星图上北斗斗柄指午的月份，夏正建寅，午月即五月，午日大约在夏至前后。汉代有午月午日赏赐百官夏衣的习俗，汉章帝“尝以午日赐百官水纹绫裤”。由于干支记日需要推算，在一般人那里有掌握的困难，因此更容易接受数字记时方法。汉魏以后，社会通行以数序记月、日的记时体制，于是人们在节气之外，另择时日作为人文节日，这无疑是社会文化的一大变动。

因夏至节气变动的关系，人们相应形成了诸多月讳习俗，从汉魏开始这些习俗逐渐集中到了五月五日。五月五日的凸现不仅与“午”“五”

同音、易于记忆有关，更重要的是日渐流行的阴阳术数信仰对民众观念的影响。魏晋时代人们依据阴阳术数信仰对民间节日作了系统的整饬。据徐整《三五历记》:“数起于一，立于三，成于五，盛于七，处于九。”一、三、五、七、九等奇数属天属阳，在天人感应的时代，这些数字本身就具有神秘意味，因此以这些天数标示的月日自然也成为神秘的节点。在古代阳月阳日的重合意味着阳盛之极，不合刚柔相济之道，因而是一个忌讳的日子。

从《四民月令》的记述看，东汉时期，上述月日已具特殊意义，但除正日在岁首外，其他尚未成为主要节日。魏晋以后这些重阳之日在社会上受到特别的重视，数字信仰与社会生活的紧密结合，可能与当时盛行的道教有关，道教时间观为民众的时间体系的构建提供了参照。这就是五月五日成为仲夏月讳习俗集中点的原因。

南方的五月节俗同样起源于人们对夏至时节的时间感受。夏至，在南方土著民族那里曾经被视作新年。中国远古时期就开始以天象的空间变化来标示时间的变化，人们以东方苍龙七宿在天空的位移确定季节的变换。五月仲夏时节，苍龙升至正南位置，如《周易·乾卦》所说：“飞龙在天。”由于大火（心宿二）处在苍龙的主体部分，因此这时它正悬在南方中天上，特别的醒目，上古人民将其视为季节农时的标志；《夏小正》记述五月黄昏时分大火正在南中天出现，大火的出现，意味着种黍、菽、糜的季节的到来。《尧典》亦有："日永星火，以正仲夏"的记述。大火在上古时代是重要的时间标志，朝廷设有专门的职官，负责观察大火的出没与位置的变化，这种官员称为"火正"或"祝融"。楚人奉祝融为先祖，说明南方民族曾使用过以大火位置变化记述岁时的"火历"。《左传·襄公九年》："火纪时也。"这是原始的天文历，在这种远古历法中，大火的昏中、旦中正值夏至与冬至，因此分别作为冬夏两个新年的标志。

冬至新年在南方山地民族仍有传承，即使中原之地在宋代仍旧冬至重于新春。与冬至相对的夏至，也是真正太阳年的起点（不过与冬至太阳运动的方向相反）。夏至因此在一些民族中也被视作新年，甚至它比冬至作岁首的时间起源更早。因为古代的年度周期是以农事活动时间为基础的，大火昏见的夏至时节，正是黍菽糜等农作物播种之时，也就是新的农事周期的开始，"用后来的历法术语说，也就是以此时为'岁首'"（庞朴语）。这种以夏至为新年的习俗在南方一些少数民族如瑶族、布依族、毛南族中可以得到间接的证明。这些民族的新年在夏至附近，一般在汉族所说的分龙节这天，即五月二十九日。这与古代夏至东方苍龙星座正处南中的季节天象相关[1]，在夏季新年中，家家都要做丰盛的菜肴，包粽子供奉祖先，并有竞渡风习。竞渡是典型的南方地域民俗，南方居民以热闹、主动的姿态度过夏至时节，这与北方静态、被动的避忌形成鲜明的对照。北方以“无为”静待阴阳的变化，南方以襄助的行为促进阴阳的转换。节俗的一静一动，体现了南北民众的文化性格与时间态度。

当然南方居民对暑热季节也有着强烈的感受，同样出现五月为恶月的忌讳，不过他们采取了不同的应对方式。以夏至为中心的节俗活动构成了南北五月节的自然人文基础。

南北的五月节俗都以对夏至时节的人文感受为心理基础，虽然形态不尽相同，但都注重对时间转折的强调。由于文化与时间观念的变化，从东汉末年开始，出现了由时令节点夏至向人文节日五月五日的转移。魏晋六朝时期，因人口大规模移动的关系，南北民俗文化交融，北方恶月禁忌与南方夏至时节诸俗汇聚，五月节俗空前丰富。同时由于礼教的崩溃，月令时代的结束，人们的时间意识出现了变化，人文时间获得相对独立的地位，夏至节俗逐渐向五月五日转移。在晋周处《风土记》中说：“俗重五日，与夏至同。”这时夏至较五月五日为正节，但民间已看重五日。至南朝时，五月五日的影响已盖过夏至，成为民

① 参看陈久金等：《中国节庆及其起源·序言》

间的一大节日。

二　端午节在六朝时期的凸显

五月五日地位的陡升，与六朝时期南北节俗的交汇、南方历史文化因素的注入有着极大的关系。因生存环境的关系，南方楚越之地素有祭祀水神的传统，夏至时节的飞舟竞渡、饭食投江本意就在于祭神禳灾。

在南北分立以前的时代，楚地久已流传着忠臣屈原的传说，据晋王嘉《拾遗记》卷十云：屈原以忠见斥，隐于沅湘，后“乃赴清冷之水，楚人思慕，谓之水仙。其神游于天河，精灵时降湘浦。楚人为之立祠，汉末犹在”。屈原在楚地很早就被视为水仙，立祠祭祀。在南北朝时代，因时势的关系，屈原的形象日益崇高。屈原不仅因赴水而死的关系被奉为水神，而且与传统的竞渡风习结合，形成新的历史传说，祭祀屈原的时间因此也定在了五月，甚至将传统的死亡日——五月五日看作屈原的忌日，并以此日作为追悼日。南朝梁人吴均在《续齐谐记》中说：“屈原五月五日，自投汨罗而死，楚人哀之，至此日以竹筒贮米，投水祭之。”

南朝荆楚地方将悼念屈原的活动结合到五月五日的节俗之中，这是中国端午节转变升华的重要动力。虽然在此前吴越地方有五月五日祭祀伍子胥、勾践的习俗，但均因其人格魅力的不足及文化影响范围的有限，未能流播开来，他们仅为一方的习俗解说。由于屈原传说的加入，南朝之后，由南北夏至节俗交融演进的端午节的主题发生了重大变异（就其在传统社会的主要形态而言）。先秦以来单一的五月避忌主题，已开始变化为避忌与纪念并联的二重主题，伦理性节日主题的突出，具有深远的文化影响。时间节点不再是被动适应自然的意义（虽然深层的意义还在于人与自然的协调），时间具有了庄严的伦理内涵。将岁时节日作为承载历史文化传统的时间载体，对中华民族文化来说，它具有双重意义：其一，岁时节日因人文内涵的增强而提升了它在民族生活中的地位；其二，历史文化传统因依托了岁时节日使其能够持久有效地传承。正是由于历史伦理融入了民众的时间生活，造就了民族文化的不息生机。

三　端午节俗五大要素及其文化内涵

在千年的传承发展中，形成了具有全国共享意义的端午节节俗传统，那就是避瘟保健与追念先贤。这两大传统既是端午节日的精神核心，也是端午节历久弥新的内在动力。端午节在南北各地虽然有丰富多彩的节俗内容，在对具体节俗内容进行分析之后，我们可以将传统端午节俗提炼出五大节日要素，这五大节日要素是：全生避害（避瘟保健）、人神祭祀、饮食、娱乐、家庭人伦等，这五大要素能够覆盖全国各地的端午节俗。下面我们具体来分析这五大要素：

1. 全生避害

端午节时间在仲夏时节，湿热的仲夏时节，由于蚊蝇的肆虐，疾病瘟疫容易流行，人们从生理与心理上都强烈地感受到外在的威胁。人们将端午所在的五月五日看作毒气流行的恶月恶日，采取各种措施，“以禳毒气”，全生避害。

传统社会卫护生命的措施，从形态上看有动、静两种。动态的是人们在节日期间采取种种主动驱疫、采药、清洁活动；静态的是斋戒、闭门静坐等。从端午依傍的夏至节令习俗看，早期的月令时代，人们认为自然节令日是阴阳变动的关键日，也是人们精神紧张的时日，因此小心避忌，谨慎过关，是当时人的节日心态。当时有禁火、禁止陶炼、闭门掩身等，以静态防护为主。汉魏时期，人们关于夏季卫生习俗移到了端午，人们以水上竞技、山头采药等户外活动激扬生命、保障身体健康。

从端午节卫生的具体措施看有：

（1）悬艾避瘟，菖蒲除邪。艾蒿与菖蒲是五月时节的药用植物，端午节俗中人们普遍运用这两种植物驱邪保健。艾蒿含有芳香的艾油，艾油有杀菌、清洁空气的效用，所以人们习惯在端午节“采艾以为人，悬门户上，以禳毒气”【图2–2】。

图 2–2 插艾

民间认为端午没有挂艾，得病死亡是正常的。湖北西部有一个民谚说：“端午不挂艾，死了多个怪。”菖蒲同样含有芳香性的挥发油，民间将它与艾叶配合使用，俗称：“艾旗招百福，蒲剑斩千邪。”菖蒲不仅挂在门口，人们还以菖蒲根为簪，作为端午的头饰。菖蒲还被制成药酒，菖蒲酒中一般调些雄黄，所以也称雄黄酒。吴曼云《江乡节物词·雄黄酒》：“细切蒲菹劝举觞，不须九节认灵菖。娇儿怯试烧春味，一抹妆成半额黄。”

瑶族端午节，在门口挂上一条葛藤，表示驱邪避魔保平安。传说一位白发仙翁用葛藤救了瑶人的性命。

（2）佩彩丝避瘟，是端午的又一保护习俗。“以五彩丝系臂，名曰避兵，令人不病瘟。”（《荆楚岁时记》）五彩丝俗名“端午索”，又叫长命缕、续命缕、百岁索。它的功用在于以一种特殊的神线将人的生命系住，让人们安全度过端午时节。五彩丝的魔力来源于古代流行的阴阳五行观念，五行生克能达成一种宇宙的和谐，所以用五彩丝线作成的端午索具有辟邪求吉的效果【图 2–3】。端午索的制作方法是用青、赤、黄、白、黑五种彩线合股成绳，或单独散线使用。人们或直接将它戴在手臂上，男左女右；或用它穿饰物、编丝袋，挂在胸前。鄂西民间有这样的习俗，端午节小孩儿将鸡蛋装在彩线编成的丝囊中，挂在胸前，

图 2–3 五毒枕头（张勃摄）

互相斗蛋取乐。

（3）饮菖蒲雄黄酒也是端午避邪解毒的主要保健习俗之一。雄黄酒是过去端午节日驱邪避瘟的药物，人们在端午节饮用以雄黄调制的药酒，秭归民谚说："饮了雄黄酒，百病都远走。"在今天看来，由于雄黄酒含有砷与汞等有毒物质不可饮用。传统社会还以雄黄酒点染小儿，在其额头上画王字；同时还将其洒墙角、门下、床下等僻静处，以避虫蛇。

（4）"采杂药"。民俗认为午日午时，太阳最烈，这时百草都是药，因此端午是采药的良日。端午采药的传统在民间历代相传，近代湖北英山"日午，采百草以为药物"。采药习俗甚至影响到域外，在越南端午重要内容之一是采药，采药从正午开始，"这时采草药，药效最高"。草药采够一百种，晒干治病，特别治外感、阴虚之病。朝鲜在午时采益母草、狶莶草"晒为药用"。日本将端午采药称为"药狩"。还有人在端午这天到处寻找蟾蜍，以提取蟾酥作为治天花毒疮的用药。北京旧时还流传着一句俗语："癞蛤蟆，脱不过五月五。"

2. 人神祭祀

端午是夏季大节，人们为了顺利度过这段时间，除了采取现实的与想象的避忌措施外，还要乞求神灵的佑护。端午节是祭祀先人的时节，除了台湾等地方沿袭古老的夏至祭拜祖先外，多数地区人们祭祀的是具有高尚人格或对地方有特殊贡献的先贤。如楚地的屈原，吴越地区的伍子胥、勾践与曹娥，广西苍梧的陈临，道教创始人张道陵等。其中，屈原在后世影响最大，长江中游端午节俗中最引人瞩目的“龙舟竞渡”，传说就是为了追悼屈原。如清代同治《巴县志》所说：“至设角黍，闹龙舟，吊屈平，楚俗也。”直到今天，在湖北秭归每年在屈原祠内或在祠前的沱江边都要举行大型祭祀仪式。一些地方还有瘟神祭祀与送瘟神的活动。这是端午神灵祭祀的早期形态孑遗。

3. 饮食节物

节日饮食与节气时令相应，节日食品不仅是节日享受的佳品，更重要的它是民众通过味觉对岁时的感知与精神表达的象征物。“五月家家过端阳，盐蛋粽子与雄黄。”（贵州开阳孝歌）端午节的粽子【图 2-4】就是这样一种意蕴特别丰厚的文化创造物，它不仅造型独特，而且其包裹的方式与包裹的内容都有特别的意涵。粽子本来是适应夏至时令的象征物，汉魏前称“夏至粽”，后移到端午，称“端午粽”。粽子用菰叶包裹，菰叶阳性，粽子馅原为龟肉或鸭肉，馅为阴性，取阳包阴之象。“盖取阴阳尚相包裹未分散之象也。”（杜台卿《玉烛宝典》卷五）剥食粽子，象

图 2-4 端午节的粽子

征着释放阴阳之气，以“辅替时节”。从岁时自然伦理上看，在阳气盛极、阴气萌生的时节，“顺气”是善性的行为，食用粽子不仅品尝了美味，同时也有扶持时气的积极功效。

汉魏以后，随着社会的发展，粽子不仅是自然时令的象征物，在它身上附着了追思屈原的传说，它成为祭祀屈原的纪念物。屈原故乡的秭归人在端午粽子中特别包上一枚红枣，象征屈原的赤胆忠心。其实从起源上，粽子是祭祀神灵的时令祭品。从粽子的制作与食用看，粽子是南方民族的传统食品，也是南方传统的祭品，以“粢”祭神的习俗，在江南稻作区源远流长，粽即粢类食品。荆楚地区很早就有了裹饭祭水神的风习，据记载，周昭王溺于汉水后，人们在水边立祠祭祀，暮春上巳之日，“禊集祠间，或以时鲜甘味，采兰杜包裹，以沉水中，或结五色纱囊盛食”（《拾遗记》卷二)。南朝时期，屈原传说与五月五日节俗挂上钩以后，饭祭水神、祈求平安的仪式也成为悼念屈原的内容之一。梁朝的吴均在《续齐谐记》中明确说到，五月五日楚人以竹筒贮米，投水以祭屈原，后因避蛟龙窃食，在竹筒上塞楝叶，并缠彩丝。后世改为菰叶包裹。端午节日饮食中还有菖蒲酒、雄黄酒，以驱邪避疫。

4. 竞技娱乐

节日娱乐是传统节日构成的要素之一，但不同性质的节日会有娱乐内容与娱乐程度的不同。端午节日原本是仲夏月令中的避忌节日，按照月令时对夏至节气的理解，人们只能静止勿动，以待阴阳二气自然变化。但汉魏时期围绕着夏至形成的端午节，并没有简单地继承先秦月令传统，而是吸收了南方民族竞赛传统，加重人文活动的色彩，重视调动人事活动，顺应时气变化的方向，以扶阴抑阳。具体民俗措施是龙舟竞渡与斗百草、斗蛋游戏等。竞赛游戏是端午节日娱乐的主要内容。

端午竞技游戏在兴起之初，侧重于巫术与信仰意义。如龙舟竞渡，起源于南方水乡古老时令信仰，竞渡以划船者之间的技术与体能的较量为内容，双方的竞争，在古代象征着阴阳二气的争锋。龙舟竞渡的原始意义在于顺时令，助阴气，实现阴阳的和谐。六朝时期添加了悼念屈原的仪式解说，两湖地区龙舟竞渡因此有了驱邪逐疫与人神崇拜的信仰内涵。虽然如此，我们看到地方百姓利用端午节进行娱乐竞技的浓厚兴趣，所以我们在各地端午竞渡节俗中看到了地方社会民众的娱乐与狂欢。

沅水流域端午竞渡传统甚至在古代达到“风俗如狂”的状态。唐朝诗人刘禹锡《竞渡曲》:“沅江五月平堤流，邑人相将浮彩舟。”明人李东阳《竞渡谣》中对竞渡的情形亦有描述：“湖南人家重端午，大船小船竞官渡。彩旗花鼓坐两头，齐唱船歌过江去。丛牙乱桨疾若飞，跳波溅浪湿人衣。须臾欢声动地起，人人争道得标归。”明人杨嗣昌《武陵竞渡略》中详细描述了当年武陵地区端午竞渡的场景：当竞渡时，有各种习惯的技巧、玩法，或者前驱中流，阵容齐整，或者卷旗息鼓悄然整先，或忽进忽停，以疲劳对手，或一纵一横，挤兑它船，或甲船与乙船竞赛，丙船上前干扰，待甲乙准备与丙竞赛，丙船却抽身而退，让甲乙争锋，称为“送船”。或甲强乙弱，让乙先行，从后追赶，称为“赶船”。或自量力不如人，遇敌先逃，称为“怯船”。本无斗心，悠游竟日，称为“演船”。久习船事，足智多奸者，称为“老水”。后生新锐虽然竞渡不胜，说新木船无老水，输了也不惭愧。这样的竞渡形式，实则是端午节日社区居民娱乐游戏的活剧。

湖北竞渡亦十分壮观，袁宏道《午日沙市观竞渡》诗中描写了荆州沙市竞渡的盛况："金鳞折日天摇波，壮士麾旄鸣大鼍。黄头胡面锦抹额，疾风怒雨鬼神过。渴蛟饮河貌触石，健马走阪丸注坡。倾城出观巷陌隘，红霞如锦汗成河。"据明人张瀚说：竞渡南京为盛，福建次之。竞渡的舟船一般可容十人，大者大约二十人，鼓棹争先，顷刻数里，往来如飞。明后期杭州在西湖也开始仿效端午竞渡，但因为湖水平稳的关系，竞渡变成游湖的游戏。

清代各地端午娱乐依然以龙船竞赛为主【图 2-5】，当然不仅赛力，而且是竞赛智与巧。江南苏州、扬州、杭州等地作为吴越的故地，沿袭了端午竞渡的传统，不过有新的变化，主要表现为游乐，重点展示舟船的华丽、水面的嬉闹等。百姓买买耍货食品，"所在成市"，十天才结束，俗称为"划龙船市"。晚上万船灯火，尤为奇观，俗称"灯划龙船"。

扬州五月有龙船市，龙船市自五月初一起至十八日止。在四月晦日试演，谓之"下水"；止十八日牵船上岸，称为"送圣"。船长十余丈，前为龙首，中为龙腹，后为龙尾，各占一色。船上小儿表演同苏州。有人往水中掷乳鸭，或者掷土瓶、猪尿脬等，龙船执戈竞斗，称为"抢标"，舟中常有人飞身入水抢之。端午后，龙船由外河

图 2-5 赛龙舟（张殿英画）

进入内河，称为“客船”。送圣后，奉太子（屈原为楚之同姓,民间传说为太子）于画舫中礼拜，祈祷收灾降福，“举国若狂”。

端午节赛龙舟传统至今在南方水乡地区传承，并且主要表现为水上竞技运动。即使在北方有水环境可资利用的地方，端午也有龙舟会，如北京通州地区端午节“演龙舟于运河之中以为戏”。

在社会发展过程中，竞技性的龙船活动在南方地区成为端午节俗的主要标志，端午节也就被称为“龙船节”。龙船的展示成为地方社会节日娱乐的特定方式与公共活动的中心内容。

端午的节日娱乐在南朝时就有“五月五日，四民并蹋百草，又有斗百草之戏”（《荆楚岁时记》）。斗草有两种斗法：一种是文斗，斗草名，互相以草名对答，如对对联，比如《红楼梦》第六十二回所记“观音柳”对“罗汉松”，“君子竹”对“美人蕉”等，对不上为输；一种是武斗，比试草的韧性，以强健为胜。白居易《观儿戏》：“弄尘或斗草，尽日乐嬉嬉。”踏百草习俗，在后代演化为端午郊外出游，明代北京人“无竞渡俗，亦竞游耍”，除了游天坛避毒外，南耍金鱼池，西耍高梁桥，东耍松林，北耍满井。清代天津武清也有“耍端午”之说。在北方地区还有端午射柳的游戏。南北一些地方都有端午打石头仗的习俗。

5. 家庭人伦

聚合家庭情感、强化家庭血缘的伦理意识是中国传统节日的要素之一，端午节自不例外。当然因为端午节日属性的差异，体现家庭人伦的方式在端午有自己的特色。端午节除了祭祀祖先等传统节日习见内容外，端午节还特别重视未成年的女性。明代北京端午期间，家家妍饰小闺女，簪以石榴花，称为“女儿节”。直到近代，在江苏、湖北、陕西一些地方新嫁女在端午节也要回娘家省亲。湖北秭归在节日期间接女儿女婿回家过节，民谣云：“五月五过端阳，家家户户接姑娘。”有的带着幼儿回娘家，称为“躲端午”。对年轻女性的关怀是端午节日人伦的重要表现。日本鹿儿岛在五月五日也有类似的节俗，母亲这天背着不到一岁的小女孩在外跳称为“幼女祭”的圆圈舞。朝鲜称五月五日为“女儿节”，出嫁的女儿都回娘家，男女儿童用菖蒲汤洗脸，脸上涂胭脂，削菖蒲根作簪，“遍插头髻以避瘟”。朝鲜小儿的这种打扮，称作“端午妆”。由此可知端午作为女性节日，特别是小儿的避忌日是整个东亚地区的通俗。

端午节日五大要素相互补充、相互关联，它们共同构成了端午节俗传统，从而维持了端午节日形态的稳定，保证了端午在传统节日体系中的重要位置。

端午节俗形态体现了南朝人的民俗观念及对时间性质的理解。

端午的诸多节俗活动，无论是悬艾、佩彩丝、食粽，还是竞渡、采药，都脱离不了其避灾禳祸的原始意义，即其本原的意义。

四　端午节俗的历史伦理意义与当代价值

悼念屈原是六朝端午节俗的新主题，它的确赋予了端午以重大意义，但我们不能有片面的理解，悼念屈原在当时可能有两个层面的含义：一个层面是一般百姓将屈原视作传统竞渡活动中的水神加以崇拜祭祀，以屈原的英灵驱瘟逐疫；

另一个重要层面的意义是，文人士大夫感于地位的沦落，政事的衰败，将忧国忧民的孤愤情感投射到楚国忠臣屈子身上，将悼念屈原与传统的驱疫竞渡结合，以屈原的传说来解释竞渡民俗，从而赋予竞渡以历史的和伦理的意义。

当代社会，在全球化的浪潮中，我们要保存民族文化，传统节日习俗是重要内容，端午对当代中国人来说尤其重要，我们应该从建构民族文化的角度，来认识端午节俗文化。闻一多之所以在《端午考》中强调龙舟的意义，强调龙崇拜，就是从传统节俗中寻找民族文化的精神依据，虽然他的结论我们不见得同意，但我们认同闻先生的研究意识。

从节俗起源看，消灾避疫是端午时节的原始主题，是本真意义的节俗，因此它也是流传最广泛、最持久的节俗。在当代社会端午节俗的这一原始主题，依然具有现实的意义。人们生活在地球上，生存环境仍受到气候变化的影响，湿热的夏季仍是难熬的季节，也是传染性疾病高发季节，人们还不能完全避开高温的不适与瘟疫的威胁。期盼生活的顺利与平安是每个人的基本需求，人们也就需要从物质上或心理上得到一种安全的保障，因此处于阴阳二气转换的端午时节，人们必然仍会选择传统的文化手段，来卫护生命。

端午传统节俗中的戴五色线、门口挂艾、菖

蒲或艾蒿煎水洗浴、佩戴装有药草的香包等等，这些避瘟保健的节俗有着实际的生活辅助意义，所以一度有人将端午节称为“卫生节”。2003 年“非典”肆虐的时候，端午节流传着这样一首民谣：“粽子香，香厨房。艾叶香，香满堂。桃枝插在大门上，出门一望麦儿黄。这儿端阳，那儿端阳，处处都端阳。”在当时那样一个人人自危的时刻，这首民谣给我们带来的是一种特别温馨的感觉。民谣之所以温情、动人，因为它巧妙地传承了端午避瘟保健的节俗意蕴，符合了当时广大民众寻求精神慰藉的民俗心理。

同时人又是文化动物，有自己的族群与特定国家意识，人们不仅需要有基本的物质生存，也需要有文化的延续。文化延续的关键在于族群的延续，要保障族群生命的恒久，就必须有强固的族群意识。屈原等爱国士人所代表的忧国忧民的高尚情怀，一直激荡在中华大地上，也一直激励着中华民族子孙不屈不挠地维系着中华民族的统一大业。六朝时期楚地民众将追悼屈原纳入端午节俗之中，对端午食粽与飞舟竞渡的节俗进行新的诠释。这种诠释并非空穴来风，它是民众历史情感的聚焦，是民众历史观念在节日习俗中的体现。人们已不满足于此前对生活习俗的一般性解释，将节日习俗与历史人物的纪念并联起来，有关屈原的历史传说比较于原始避瘟信仰来说，显然是一个历史性的进步。在屈原故里的秭归人将粽子视为对屈原的纪念物，当地流传着这样的《粽子歌》：“有棱有角，有心有肝。一身洁白，半世熬煎。”端午节正是因为有追悼屈原的历史传说的加入，使这一平常的夏季节日在唐宋之后逐渐升华为一个全国性的民俗大节。

屈原的故事，因为有了端午节的周期性的讲述，在中国历史长河中历久弥新。在全球化的时代，在世界文化融汇的大潮中，要守住自己的文化身份，增强民族的内聚力，传承屈原所代表的文化精神十分必要。所以我们也就特别珍惜纪念屈原的端午节。在端午节中开展多种传统节俗活动，将文化传承融入民俗节日之中，让人们在端午这个特定的节日中回归传统。在与祖先的对话中，感受我们伟大爱国诗人人格的高尚，增强我们民族意识与文化的使命感。让优良的民族文化传统在现代生活中延续更新。近年来，湖南岳阳、湖北秭归等地每年都要举办端午龙舟大赛，端午竞渡成为当地民众接续与回归节日民俗传统的重要表达方式。

夏季是生命长养的季节，夏季的节日以生命的养护与生命力的激发为主题。对自然时气的避忌、对佛祖的礼拜、对历史先贤的崇敬，在于对个体生命与群体精神的保护与养育，在夏季盛大的节日中，我们感受到了中国人特有的家国情怀。

第三章　秋之情思

春种秋收，秋天是收获的季节，秋天的节日充满丰收的遐想与收获的报偿。初秋七夕瓜果祭星，乞巧星汉；中元日致谢祖先的福佑，安抚游荡的孤魂；中秋月圆之夜，祭月、拜月、赏月，同一轮明月不同的世道人心。深秋重阳，登高郊游，菊花酒、茱萸佩，“尘世难逢开口笑，菊花须插满头归”。

第一节　七夕节

有人说七夕是中国古代的情人节，牛郎织女七夕鹊桥相会，至今仍为民俗佳话。“牵线搭桥”是撮合青年男女的民间俗语，牵线牵的是月老的红线，搭桥搭的是喜鹊的爱桥。君不见时下的都市的婚介机构纷纷打出鹊桥的名目，鹊桥成为婚介的雅称。但七夕最初在民众心目中并非吉日良辰，而是凄苦的分离忌日。七夕从忌日到良辰的历史变化映射着古代社会民众时间观念的重大变迁。

一　星纪与七夕

七夕是中国民俗大节之一，在农历七月七日。七夕在汉代以前不一定在七月七日，它大约在七月朔日。

七夕的时间点在上古是根据织女星的位置确定的。织女星，英文名称是 Vega，它是天琴座中最亮的恒星，其在北半天球的亮度仅次于大角。因此织女星很早就受到人们的注意，在上古人们将织女星作为季节的标志星，“织女之纪，指牵牛之初，以纪日月，故曰星纪”（《汉书·律历志》）。织女星成为时间的天文点，星纪以织女星为标志，说明了织女星在古代天文历法中的重要地位。与织女星相对的牵牛星在古代同样被作为天文时间变化的标志，“推之以上元为始，起十一月甲子朔旦夜半、冬至。日月五星，俱起牵牛之初”（《礼含文嘉》）。织女、牵牛的携手与两星的天文地位有着密切的关系。《夏小正》：七月“汉案户”，“初昏，织女正东乡”。上古七月初昏时，银河正对着门口，织女星在正东方向出现。人们以织女星出现的方位确定七月月序，它与北斗斗柄的南指相配合，相辅相成。《星经》则明确地记述了织女星出现的日期：“织女三星，在天市东，常以七月一日，六七日见东方。”织女星只要初昏时在正东方向出现，就标志着进入了秋季月序，首次出现的时间是七月初一。

从星纪来说，这是“星回岁终”新旧更替的时节，七月初一具有星纪岁首的意义，而岁首祈年、祈福、祈子嗣的习俗一直成为后世七夕习俗的核心之一。由于后代历法的改变，除专业人士外，一般人们对古代星纪的情形不大了解，但社会历史的记忆也很顽强，人们对以织女星为新年标志的记忆尽管模糊，可仍然觉得这是一个特殊的日子；它还可以作为秋季来临的季节星象，立秋日的确定一般要参考织女星的位置。由于织女星与牵牛星分别为银河两侧的亮星，二者在上古就受到人们的特别关注，作为星纪的标志。

二　牛郎织女的故事缘起与流变

随着社会生活的发展，人们的想象力日益丰富，于是将人间生活投射到苍穹天幕，逐渐滋生了有关织女、牵牛【图3-1】的神话传说。织女、牵牛的传说起源很早，只是因为传说时代无以确证，现存最早的透露出此传说信息的是《诗·大东》："维天有汉，监亦有光。跂彼织女，终日七襄。虽则七襄，不成报章。睆彼牵牛，不以服箱。"天上的银河波光荡漾，看银河这边织女每天移动七次，也没有织出布来，看银河那边闪亮的牵牛也不拉车负重。此时的织女星与牵牛星已经人化，但那时织女与牵牛大概还没有发生男女关系。

织女与牵牛的情感纠葛传说，至迟在战国末期秦朝初年已经广为流传，据云梦睡虎地秦简《日书》甲种第一五五简正记"取（娶）妻"忌日说："戊申、己酉，牵牛以取（娶）织女，不果，三弃。"简文的大意说，戊申日、己酉日牵牛迎娶织女的喜事没有办成，如果在这样的日子娶妇的话，三年丈夫就会离弃妻子。在另一简文中说："戊申、己酉，牵牛以取（娶）织女，不果，

图 3-1 牛郎织女像
北京民俗博物馆藏

不出三岁，弃若亡。”由此可证当时不仅流传牵牛与织女缔婚的传说，而且因为织女牵牛为河汉的阻隔未能成婚的传说而影响到民俗生活，形成一种民间婚嫁的时间禁忌。当然很有可能是民间已有七月初的婚姻禁忌，然后以织女、牵牛的传说来特别强化这一习俗。《日书》中就有“正月、七月朔日，以出母（女）取（娶）妇，夫妻必有死者”的警告。本人以为这是一种上古习俗的变异，上古春秋二季是男女自由婚配的季节，在一夫一妻制的家庭成为社会主体之后，男女之间的自由交往受到限制，为了阻止秋季男女的传统聚会，因此出现了七月初的结婚禁忌。汉魏六朝以后由于家族文化的发展，人们才将对封建礼法提出的抗议融入节俗之中。

传说楚怀王初置七夕（罗颀《物原》），从上引《日书》的材料看，战国已有七夕节俗部分因素，但真正将七夕视为节日并定为七月七日的是在汉代。在秦初，七夕还是一个禁忌日，织女牵牛的故事悲剧结局是对该禁忌的说明。《古诗十九首》描写的就是这一情形：“迢迢牵牛星，皎皎河汉女。纤纤擢素手，札札弄机杼。终日不成章，泣涕零如雨。河汉清且浅，相去复几许？盈盈一水间，脉脉不得语。”这首古诗大约是《诗经·大东》的扩展，它用优雅的诗化语言与丰富的艺术想象力为我们讲述了一个凄美而动人的故事。西汉中期以前，牛女故事在民间还是时日禁忌的依据，我们从当时流行的一个巫术习俗中可得到说明：《淮南万毕术》记载了使妇人恋家巫术，“赤布在户，妇人留连。取妇人月事布，七月七日烧为灰，置楣上，即不复去。勿令妇人知。”这则巫术表露了时人仍将七月七日视作别离日。《四民月令》则只记合药丸、曝经书及衣裳，晒书曝衣是汉代七月七日的习俗之一。

汉代是七夕由古代历法的天文点向岁时节俗转变的时期，后世七夕中的节俗要素在汉魏之际已经初步显现出来。七夕节俗主题在西汉中期以后开始发生重大变化，由七夕的分离禁忌逐渐演进到男女的良宵欢会，七夕由凶时恶日转变为良辰吉日，这是七夕民俗的一大升华，也是七夕真正成为传统民俗节日的精神助力。织女牵牛的悲剧传说演进为牛女鹊桥相会的喜剧故事，这不仅是故事情节扩充、发展，更重要的是它反映了民众的精神情感需要。社会可以改变人们的现实行为，但不能泯灭人们原始的情感渴望，在秋夕晴朗的夜空之下，人们自然会唤起对历史与美好人生的回忆与向往。

七夕的变化大约发生在汉武帝时期，七月七日汉武帝与西王母的多次聚会的传说，表明七月七日已是人神交游的吉日良时。而西王母降临前每有青鸟殷勤探看，又为汉代将乌鹊融入牛女传说提供了依据。汉代民间认为鹊重情感，“鹊脑令人相思”，因此汉代有巫术“取雌雄鹊各一，燔之四通道，丙寅日，与人共饮酒，置脑酒中则相思也”（《淮南万毕术》）。由鹊之导行、相思的特性，逐渐变化推移出乌鹊搭桥的传说，“织女七夕当渡河，使鹊为桥”。

牛郎织女传说的早期形态有两则颇有意味：一则是《荆楚岁时记》引录纬书的传说，牵牛娶织女时，因为无钱备办聘礼，于是向天帝借钱两万备礼，事后久久不还，天帝一生气将牛郎赶到营室之中。传说从经济社会的角度解释了牵牛与织女的分离。此传说反映了当时婚姻论财致使贫民男女不能好合的社会问题。

传说所反映的问题的确存在于汉代社会，杨树达在《汉代婚丧礼俗考》中搜集了数则婚嫁礼聘的事例。有夫家贫者，妇家或假贷币以为聘，如张负相中了陈平，将孙女嫁他，“为平贫，乃假贷币以聘”；有官吏助民礼聘，循吏任延在东南为了推广嫁娶礼法，出钱资助搞了一个“集体”婚礼，“其贫无礼聘，令长吏以下各省俸禄以赈助之，同时相娶者二千余人”。当时聘礼礼金往少的算也要两三万钱，展允笃学贫苦，年将知命配匹未定，李固为此替展允募集礼金，“允贫也，礼宜从约，二三万钱。足以成婚”。当时确实存在重纳聘的习俗，即使外国国王迎娶汉朝公主也不能免俗。这些汉代婚嫁事例令人称奇地说明了一个事实，传说的细节十分真实，婚姻纳财，礼金数额较大，人们借贷下聘礼，男女因经济的原因而不能成婚等社会现象，都成为牛女传说兴起的历史文化背景。民众将现实生活中的困境投射到了天庭，隐含着人们对专制势力的不满，表达了人们的一种社会伦理观念。

另一则牛郎织女的故事则在南朝梁人殷芸的笔下首次完整地被记录下来：天河之东有织女，是天帝的女儿。她年年埋头织布，辛苦异常。织女织成了云锦天衣，而自己容貌憔悴。天帝心疼女儿，为了免其孤独，将织女许配给河西的牵牛郎。织女牛郎恩爱和睦，小日子顺畅安逸，她忘记了还要为天帝织布的工作。天帝很是生气，责令织女回到河东，只许牛郎、织女一年一度相会。应该说这是一个较早期的故事，织女与牵牛的分离，是因为织女的过错，天帝似乎是一个严厉的家长，这大概是汉魏时期家族生活的反映，体现了家族社会的伦理规范。

随着社会文化条件的变化，牛郎织女的故事也不断地发生着形态的变化，在后世人们突出渲染牛郎织女之间的真挚感情、对天庭的抗议及七夕鹊桥会的喜悦。喜剧的结局是对充满缺憾的现实社会人们的精神抚慰，正如宋朝的秦观在《鹊桥仙》中所咏：“纤云弄巧，飞星传恨，银汉迢迢暗渡。金风玉露一相逢，便胜却人间无数。柔情似水，佳期如梦，忍顾鹊桥归路。两情若是久长时，又岂在朝朝暮暮。”

分处在天河两侧的织女、牵牛二星在天文学

上是永远不会聚首的，二者相距十分遥远，即使牛郎给织女发一封无线电报，那他也得等到 32 年才会收到织女的回音。但天上星象的遥远不能阻隔人民的情感，人们依据自己的愿望将二者联系起来，二者的相会又是那样的自然与必要。男女两性的交往问题是社会时常面对的问题，在礼法社会它所遇到的困难是巨大的，但无论有多大的阻力，人们也要寻找到一个聚会的时机，对男女关系进行调节。这就是七夕节俗在中古之后得到全社会重视，从而演变为民俗大节的内在精神动力。

三　乞巧习俗

七夕在汉魏之时初步完成了它由忌日向民俗节日的转变，魏人董勋就明白地表述了“七月七日为良日”的民俗事实。董勋的说法是对民俗的概述，民俗自身有一个较长的流传过程。七夕节俗的丰富与圆满是在六朝时期。六朝时期关于七夕有多种生动的记述，经晋人葛洪整理的《西京杂记》首先记述了汉代宫廷七夕节俗情形：汉宫“至七月七日，临百子池，作于阗乐，乐毕，以五色缕相羁，谓为相连爱。”又曰：“汉彩女常以七月七日穿七孔针于开襟楼，俱以习之。”（卷一）由此可知，男女好合、乞巧等习俗已开始出现在七夕节俗中。这是上层社会的七夕情形，民间情况由于缺乏资料，难以确知，照常理看，其节俗的性质类型也约略如此。不过，我们也可以提出这样的看法，就是七夕的节俗性质变化首先发生在上层，然后由宫廷向民间扩散。这样的例子在历史上是常有的，就是在汉代还有京城习俗向四方扩布的显例：如汉代的发式变化，长安民谣曰："城中好高髻，四方高一尺；城中好广眉，四方且半额；城中好大袖，四方全匹帛。"七夕新节俗在汉代民间肯定有一定的影响，传说窦后少时因为头秃，家人不喜欢她，"七月七日夜，人皆看织女，独不许后出"。结果，"有光照室"，窦女反而得到了做太后的祥瑞。

晋人周处《风土记》为我们描述了当时民间七夕节俗的生动场景：七月七日，其夜将庭院洒扫干净，摆上茶几饭桌，设酒脯时果，说牛郎、织女二星神此夕相会【图 3–2】。守夜的人都有隐怀私愿，有的说只要见到天上的银河泛出奕奕白气，并光耀五色，就是吉祥之兆。见到者赶快叩拜，向上天表达你的求富、求贵、求寿或者求子的愿望，当然你只能表达上述愿望的一种，不能都要，并且三年内不能告诉任何人，否则无效。七月七日成为欣赏天庭欢会、乞求人间幸福的良宵。七夕原有的禁忌意义在六朝时期已经完全消解，汉魏以后，七夕主要成为表达女性愿望、比试与展示女性巧艺的节日。

七夕乞巧习俗丰富多样，除了仰观星汉，乞

图 3-2 丁观鹏《乞巧图》
上海博物馆藏

求富贵子嗣、容颜美好外，心灵手巧是传统社会对女性的特别要求，古代“妇功”就是强调女性对纺织、针线等技艺的掌握。因此，七夕乞巧在后代特别重视女性手艺的精巧。近代山东有拜巧姐乞巧，唱《乞巧歌》：“我请巧姐吃桃子，巧姐教我缝袍子。我请巧姐吃李子，巧姐教我学纺织。我请巧姐吃甜瓜，巧姐教我学绣花。”穿针乞巧是自汉朝以来的七夕乞巧项目，月夜穿针要求快、准、巧，这是难度很高的技术活。穿针用的是五色线，针也是特制的七孔针、九孔针。《荆楚岁时记》就记述了南朝妇女七夕穿针乞巧等民俗。还有观影乞巧，将针、植物的根茎等抛到盛有清水的碗中，在日光下观测物件在水中的发散的影

图 3-3 甘肃西和巧娘娘神位

像，以判断是否得巧。观测蜘蛛结网也是古代乞巧的方式，将蜘蛛放置盒中，如果蛛网结得周正，就是得巧。在民间还有一个特别的乞巧方式，那就是种巧芽。这一习俗宋代就已经开始，至今在西北乡村仍然传承【图 3-3】。人们在七夕之前，培植豆芽或麦芽，到七夕当天，妇女带着各自精心培植的作品，让大家品评，看谁的巧芽长得茁壮顺溜。这是种植技艺的比试，是对女性智慧的激发与劳动成果的肯定。

第二节 中元节

中元节，俗称“鬼节”，传说这天地府洞开，鬼魂四出，民间有“七月半，鬼乱窜”的谣谚。有祀者，回家接受子孙的祭拜；无祀者，有公众请佛道做法事“普度”，毋使孤魂野鬼流浪为害。亡灵祭祀为七月十五中元节的节日主题，可以说，中元节是中国的亡灵节。

一 中国古代的亡灵信仰

生与死向来是人类关注的基本问题，死亡尤其令人忧伤，金钱、权力、娇美一切都无计延滞死神的脚步，在死亡面前人类才实现了真正的平等。但人毕竟是万物之灵长，并不甘心就此对死神俯首称臣，因此产生了否认死亡的思想，不认为死亡是人的寂灭，而是认为死亡只是转入了灵魂状态，肉身虽腐，灵魂永在。于是出现了安顿亡者的种种说法，西天、冥界，天庭、地府，成为相对于现实人间的另一世界。但生界与死界并没有截然的分隔，生者与死者常以特殊的交感方式进行对话与沟通。生者赋予亡灵以力量，转过身来又以敬畏的心态崇拜亡灵。虽然在一千五百年前，范缜在《神灭论》中就发表了“形存神存，形谢神灭”的著名论断，但灵魂信仰自古及今一直是人们挥之难去的梦魇。

灵魂信仰在中国有着久远的历史，但远古时期的灵魂信仰却因时代悬隔，幽昧难明。是考古发现帮助了我们，在距今一万八千年的山顶洞人遗址中，考古人员发现山顶洞人的墓地，从墓地遗物看，死者佩戴有饰品，身旁放置着生产工具，在死者周围撒上了一圈赤铁矿粉。这些都表明远古先民已有了灵魂观念。随着父系社会的确立与发展，人们对主持公共生活的权威人物逐渐滋生敬畏之情，因此在亡灵崇拜上，表现出对有功德人物的英灵崇拜，当时并没有突出以血缘为标准，所谓“祖有功，宗有德”。但随着血缘关系的日渐明确及私有制的出现，原始共同体的公共生活朝两个方向转变：一是部落国家，一是血缘家族。而且在中国古代社会国家权力往往与血缘家族紧密勾连，因此祖灵的信仰与祭祀在古代中国有着异常重要的地位。夏后氏“祖颛顼而宗禹”、商人“祖契而宗汤”、周代“祖文王而宗武王”（《礼记·祭法》）。除了国姓王族享有立庙祭祀的特权外，一般百姓只能荐之于寝。

二　秋尝与七月十五的祖先祭祀

虽然祖先祭祀在先秦有等级区分，但它是全社会关注的大事，“万物本乎天，人本乎祖”，祭天祀祖成为古代宗教生活的两大要务。对于庶民百姓来说，祀祖尤有意义，祖先与自己血肉相连，情感相通，祖先的灵力理所当然地令人信赖，并成为子孙后代的精神依靠。因此，在民众生活中祭祖活动频繁举行，除了每月朔、望二次的日常祭祀外，在年度周期的几个关节点上都要举行不同程度的祭祖活动【图 3-4】。“古者岁四祭，四祭者，因四时之所生熟，而祭其先祖父母也。故春曰祠，夏曰礿，秋曰尝，冬曰蒸，此言不失其时，以奉祭先祖也。”(《春秋繁露·四祭》)中元节就是在上古秋祭习俗的基础上发展而来。

上古社会，人们依据天时物候作为时间段落的划分标记。最初只有春与秋的概念，一年分春秋两季，因此以春秋指代岁月周期。后世人们在询问某人年龄时，常问“春秋几何？”就是用的这一古义。农事活动是与自然关系紧密的谋生活动，它受制于自然节律，当时的农事模式是春种秋收。人们由于认识水平及生产能力的限制，对农业收成常怀忧虑，因此希望有神灵的援手，以保证农业的丰收，这样就逐渐形成了春祈秋报的农事信仰习俗。后来虽有春秋冬夏的四季之祭，

图 3-4 清代七月十五日烧包袱

但最重要的仍是春秋祭祀。

秋天是收获的季节，在农作物丰收或即将丰收的时节，人们都要举行向祖灵献祭的仪式，将成熟的谷物首先献给保佑自己的先人。这一方面是为了报答祖先的荫庇，另一方面是为了保证神享的优先权。在古人心目中，珍贵的物品或时令佳品是应该首先奉献神灵的，否则，会引起神灵的不快，以致降下灾祸。事实上是于这收成在望的时节，人们担心天灾的侵袭，使自己的汗水白流，“一岁丰祲于是月可决大半”（《古今图书集成 · 岁功典》第六十二卷《孟秋部》）。这种孟秋七月的献祭仪式在古代称为“秋尝”“尝新”“荐新”等，《礼记 · 月令》称：“是月也，农乃登谷，天子尝新，先荐寝庙。”祭祀的日期在当初并不确定，后来逐渐固定在七月十五前后，因为七月十五是下半年的第一个望日，一般也是立秋后的第一个月圆之夜。在秋气新来的阴盛之时，祭祀亡灵，对古代人来说，是极佳的选择。

魏晋时期，七月十四还是秋禊的日子，人们在水边祓除不祥。南北朝时，七月十五日已是皇家祭祀祖庙的吉日，民间祭祀祖灵的活动日大概也在这一时间。后代民间的秋祭活动大多集中在七月十四、十五两天（也有在七月七的），祀先、祭祖、尝新是民间“七月半”节的基本内容。无论皇家还是平民，“七月半”都是祭祀祖先亡灵的时日。

三　孝亲供佛的盂兰盆会

古老的秋尝节俗，在南朝梁时因佛教文化的融入而面目一新，并且因此确定了七月十五在中国节日系统中的特殊地位。梁人宗懔在《荆楚岁时记》中及时地记述了这一节俗的新变化：在崇尚佛教的风气下，本属于佛教内部的佛腊日（佛历以此为岁末，七月十六为岁首），这时演变为盂兰盆会【图 3-5】，“僧尼道俗悉营盆供诸佛”。盂兰是梵语的音译，为“倒悬”之意，盆为置放供品的器皿，盂兰与盆合成之后，其意为解救倒悬，即解脱饿鬼倒悬之苦。

在佛教《盂兰盆经》有一则“目连救母”的故事，说的是目连母亲因生前憎恨僧人死后被打入饿鬼道。身为释迦牟尼十大弟子之一，号称“神通第一”的摩诃目犍连，发现自己的母亲在地狱受饥饿之苦，十分不忍，于是用钵盛饭送给母亲，但饭未入口，就变成火炭。目连不胜悲伤，求救于佛祖。佛祖说你母亲罪孽太重，须“十方众僧威神之力”。目连依佛祖所言，在七月十五日以盆盛百味五果，供养“十方大德”。于是目连母亲“得脱一切饿鬼之苦”。

图 3-5 盂兰盆会
（选自《北京风俗图谱》）

这则来自佛门的孝义故事，不知是佛经的原生形态，还是译者据中国孝道文化的改编，不管怎样，它都很对中国民众的口味。虽然儒家文化的一统地位在魏晋南北朝时期被打破，但忠孝的观念仍有相当的影响。

儒家经典之一的《孝经》依然是童蒙读本。据《南史·庾域传》记载，庾孝卿五岁读《孝经》，手不释卷，有人对他说："此书文句不多，何用自苦？"孝卿回答道："孝，德之本，何谓不多。"由此可见孝道文化在民众中的影响力。南朝帝王都看重儒学，将其视作"弘风正俗"的精神利器。齐武帝规定："诸王不得读异书，《五经》之外，唯得看《孝子图》而已。"梁武帝不仅注疏儒家典籍，而且亲自讲授《孝经》。梁武帝以较平和的心态看待儒佛道三家学说，他在《会三教诗》中说："示教唯平等，至理归无生。"当然，从梁武帝总的思想倾向来说他更看重佛教。因此融儒入佛的孝亲节——盂兰盆会在南北朝出现，并由梁武帝首倡是极自然的事。据《佛祖统记》记载，大同四年（538）梁武帝驾幸同泰寺，设盂兰盆斋，其后举国奉行，成为新的节俗。北齐颜之推在《颜氏家训》中也提到"七月半盂兰盆"为孝亲之供。可见南朝的盂兰盆节可能已远传北国，此后历代相沿，成为民间月半节的重要内容之一。在儒佛文化的会通交融中，因孝亲而供佛的盂兰盆会在中国民众中获得有力的心理支持，成为僧俗孝敬祖先的民俗节日。

四 地官“赦罪”中元节

佛家为了向中国传统的伦理文化靠拢，也为了安慰孝心不泯的中国信众，酝酿出盂兰盆会这一特殊节俗。以佛教教义为参照的道教依样画葫芦，在七月半设计出一个具道教色彩的“赦罪”的节日。道教在东汉末年就有天地水三官的说法，但是三官与三元（圆）的结合是在魏晋南北朝之后出现的。道教将正月十五、七月十五、十月十五这三个月圆之夜定为上元、中元、下元，分别为天官、地官、水官的诞辰，形成了天官赐福、地官赦罪、水官解厄的三元节。三元作为系统化的民俗节日大概不早于唐朝，李唐王朝建立后，为了树立精神权威，将被道教奉为教主的老子李耳尊为“圣祖”，道教地位因之上升，高居三教之首，似乎有了国教的模样。玄宗是以崇道著名的皇帝，他不仅在各州设立道观，而且诏令全国士民必须每家收藏一本道教经书《道德真经》(即《老子》)。开元二十二年（734）十月，玄宗敕令：十月十四、十五日是下元斋日，官民禁屠并要求素食，“自今已后，两都及天下诸州，每年正月、七月、十月，元日起十三至十五，兼宜禁断”。可见，此时道教节俗已介入民众生活。唐后期“中元”已成为固定节名，有李商隐诗为证：

"绛节飘飘宫国来，中元朝拜上清回。"宋代也是一个道风炽盛的时代，神鬼信仰弥漫于社会，因此与鬼灵有关的中元祭仪在民间影响更为广泛，与盂兰盆会一道成为七月十五的重要节俗内容。

五　教俗合一中元节

至此，中元节俗具备了影响千年的节日形态，祀先、礼佛、敬道成为唐宋之后中元节俗三大主干内容。颇有意味的是，僧、道、俗三家曾在相当长的时间内是在各自活动范围内传承着自己的节俗。《武林旧事》卷三《中元》中说："七月十五日，道家谓之'中元'。各有斋醮等会。僧寺则于此日作盂兰盆斋。而人家亦以此日祀先，例用新米、新酱、冥衣、时果、彩缎、面棋，而茹素者几十八九，屠门为之罢市焉。"从中元节俗的具体形态看，佛、道两家因宗教的关系注重仪式的表达。无论是盂兰盆会还是斋醮都有一定的规模，需要相当的社会经济力量，因此佛道仪式活动都是在相关的宗教社区中举行。而且这种社区成员参加的公共仪式同时具有其精神凝聚的功能，这也正可解释盂兰盆会与中元斋醮为何在集镇和城市远比一般乡村兴盛的原因。而在普通的乡村，人们更多的是传承着以家为单位的祭祖习俗，祭祖先、荐时食的古老习俗直至民国时期仍然是乡村中元节俗的首要内容。送包袱、烧纸钱的习俗亦传流至今。

六　放河灯，祭孤魂

除祭祀祖先外，七月十五注重对孤魂野鬼的安抚，放河灯就是民间对孤魂野鬼的救助。中元节晚人们在江河水际置放灯火，目的是照冥拯孤。民间传说有许多的孤魂野鬼在荒野河畔挣扎，放灯是为其引路。河灯一般用荷叶做成，小蜡烛置于荷叶上，让它随水漂流。因此也叫荷花灯、荷叶灯【图 3–6】。放灯的习俗在宋代就已出现，西湖放灯，成为当时杭州的盛景。清代皇宫中元放灯亦热闹非凡，小内监在河两岸置荷叶灯数千盏，又在河中放琉璃荷花灯几千盏，随波上下，河灯明月，上下相映。此般情景，不仅鬼魂会感到慰藉，大概人们也觉得是一种娱乐。

无论中元节俗表现得如何丰富，礼敬亡灵是其唯一主题。亡灵崇拜是世界性的宗教现象，

图 3–6 清代北京中元节点荷叶灯

泰勒在《原始文化》第十二章中对此有专门的论述，并且指出亡灵祭祀“跟收获季节和秋季有密切关系”。墨西哥的亡灵节是该国最古老的传统节日之一，同样是在秋收时举行。如前所述，我国的魂灵信仰有着古老的渊源，特别是巫风盛行的楚越地区，礼魂习俗广泛存在，为佛道文化的借用与加盟准备了社会心理基础。而佛道文化的加入使中国传统的亡灵信仰呈现出更为复杂的形态。

第三节 中秋节

中秋是中国秋季的传统大节，它的地位仅次于春节。中秋节的主旨是亲朋团圆庆贺。中国节日时间大都与月亮的运动有关，节期以月的弦、望、晦、朔为基准。月半时节的满月，常给人以圆润丰满的美感，中秋之夜是一年中最迷人的月夜。农历八月十五，秋高气爽，丹桂飘香，玉露生凉，“一年月色最明夜，千里人心共赏时”（林光朝《中秋月夜》）。天上明月，人间情怀，人们围绕着中秋明月这一特殊天象形成了中国人特有的月亮节、团圆节。祭月、拜月，赏月、玩月，走月、跳月，中国人的心态情感在如水的月光之下，表现得生动而自然。

一 中秋节的名称

中秋节，是仲秋之节，在进入秋季的第二个月，以十五月圆为标志，这天正值三秋之中，故谓之“中秋”。此夜月色比平时更亮，又谓之“月夕”。因为中秋节在秋季、八月，又名“秋节”“八月节”；因为祭月、拜月，又叫“月节”“月亮节”；中秋家人团聚，出嫁的女儿回家团圆，因此又称“团圆节”“女儿节”；仲秋时节各种瓜果成熟上市，因称“果子节”。侗族称为“南瓜节”，仫佬族称为“后生节”，等等。人们在中秋时节欢聚赏月、祭祀、庆贺丰收。

二　中秋节起源及历史演变

春节、清明、端午、中秋是近世中国的四大传统节日，而中秋节形成最晚。在汉魏民俗节日体系形成时期，中秋节日尚无踪迹，唐宋时期因时代的关系，以赏月为中心节俗的中秋节日出现，明清中秋已上升为民俗大节。中秋节虽然晚出，但它是秋季时令习俗的综合，其所包含的节俗因素，大都有着古老的渊源。

1. 古老的月亮天体崇拜

“悬象著明，莫大乎日月。”（《周易·系辞上》）日月崇拜是原始宗教的重要内容之一，中国古代很早就有祭祀日月的宗教礼俗。日月这两大天体，在古人的观念中代表着世界的两极，“日者，阳之主”“月者，阴之宗也”。日月分别为阴阳的代表，在时间上分属日夜，同时日月是构建历法体系的基础，季节上分属春秋，空间方位上属东西，五行中属水与火。二者相互配合、相互依存。《礼记·祭义》所谓："日出于东，月出于西，阴阳长短，终始相巡，以致天下之和。"日月的正常运行是宇宙和谐的保证，因此古人很重视对日月的祭祀。

殷人已将日月分称东母与西母，周代依据日月的时间属性行朝日夕月的祭礼。"为朝夕必放（仿）于日月。"（《礼记·礼器》）这种朝日夕月的祭礼，据唐人孔颖达解释说，春分日的早上在东门外祭日，秋分的晚上在西门外祭月。因为秋分时节太阳几乎直射月亮朝向地球的那一面，所以月亮看起来又大又圆。正如后人所说："祭月祭日不宜迟，仲春仲秋刚适时。"

周人的日月祭祀的方式是："祭日于坛，祭月于坎。"以坛、坎这两种物象作为日月的象征，坛在上，光明；坎处下，幽静。祭品为牺牲玉帛之类。

春秋战国时日月神分别称为东皇公、西王母。《吴越春秋·越王阴谋外传》云："立东郊以祭阳，名曰东皇公，立西郊以祭阴，名西王母。"沂南汉画像石中西王母与东皇公分坐在柱状物上（有说是昆仑山），西王母两旁跪有捣药的玉兔。由此可知，郭璞《山海经图赞》中"昆仑月精，水之灵府"的说法言之有据，后世的月神嫦娥即由西王母（最早名常羲）演变而来。

秦汉时期日月祭祀仍为皇家礼制。秦雍都

有日月祠，山东有日主祠、月主祠。汉代武帝时，祭日以牛，“祭月以羊彘特”，行朝日夕月之礼，“夕夕月则揖”（《史记·封禅书》）。此后北魏、隋唐以至明清历代都有秋分祭月的礼仪。现在北京的月坛公园就是明清祭月的坛场。

月为“夜明之神”，它与太阳同辉，奎诺尔特人称月为“夜间的太阳”，与明朝人的“夜明”之称相同。祭月在上古作为季节祭祀仪式列入皇家祀典、例行祭祀后，民间缺少了祭月的消息，这可能与古代社会的神权控制有关，在“绝地天通”之后，像日月这样代表阴阳的天地大神，只有王家才能与之沟通，一般百姓自然是无缘祭享的。月亮对于平民来说，是一种外在的神秘的支配力量，无法接近它，祭祀它。因此华夏文化系统内民间祭月的习俗，在汉魏时期不见著录，更不用说出现以拜月为中心的节日。

2. 唐宋以后中秋节俗主干因素的确立

隋唐以后，随着天文知识的丰富与时代文化的进步，人们对月亮天体有了较理性的认识，月亮的神圣色彩明显消褪。这时皇家也逐渐失去了对月神祭祀的独占权威。月亮对一般平民来说，不再是那样高不可及。唐人精神浪漫、气象恢宏、亲近自然，唐朝虽没有列入国家假日的中秋节日，但中秋赏月玩月已成为文人的时尚，人们将清秋明月视为可赏可玩的宇宙奇观，吟咏中秋明月的华章丽句寻常可见。张祜《中秋月》云："碧落桂含姿，清秋是素期。一年逢好夜，万里见明时。"秋月常常引发人们感物怀人的情思，如白居易所说："三五夜中新月色，二千里外故人心。"（中秋夜禁中独直对月忆元九）

古代传承下来的有关月神的神话，这时出现了新的情节，月宫中除了寂寞的嫦娥、蟾蜍、玉兔外，又添了一位据说因学仙有过而被贬谪来的吴刚。吴刚从事的是一项惩罚性工作，即砍伐一棵永远砍不倒的桂树。桂树高五百丈，由于桂树有"树创随合"的神奇，吴刚只好年复一年地砍下去。太阴之精月亮在这时成为仙界的流放地，从嫦娥偷吃不死仙药化为月精到吴刚被贬往月中伐桂的传说看，月神已由原始的宇宙主神演化为具有道教色彩的神仙，月宫似乎是天地之间的第三界，月亮的高远清凉在唐人那儿唤起的是宇宙空阔与人心交感的美学意蕴。

宋代中秋节已成为民俗节日，中秋放假一日。以赏月为中心的中秋节俗的形成，大概与都市生活情境有着内在的联系。《梦粱录》说：八月十五日中秋节，此日三秋恰半，故谓之"中秋"，因此夜月色倍明于常时，又称为"月夕"。月夕之名，显然与古代秋分"夕月"有关。文人沿袭赏月古风，但宋人赏月的情趣大异于唐人。唐人大多由月亮的清辉联想到河山的壮美，友朋千里，邀赏明月，诗酒风流。宋人对月感物伤怀，常以阴晴圆缺，喻人情世态，即使中秋之夜，明月的清光也掩饰不住宋人的伤感，常常发出“此生此夜不长好，明月明年何处看（苏轼《中秋月》）”的感叹。当然，这是敏感、多愁的士人的中秋。对于宋人来说中秋还有另一种形态，中秋是世俗欢愉的节日。北宋东京，中秋节前，“诸店皆卖新酒”，市人纵酒度节；中秋夜，“贵家结饰台榭，民间争占酒楼玩月”（《东京梦华录》卷八）。南宋杭州中秋夜更是热闹，在银蟾光满之时，王孙公子，富家巨室，莫不登楼，临轩玩月，酌酒高歌，“以卜竟夕之欢”；中小商户也登上小小月台，安排家宴，“团圆子女，以酬佳节”（《梦粱录》卷四）；市井贫民虽无富户铺张的财力，可过节的愿望十分强烈，“解衣市酒，勉强迎欢，不肯虚度”。宋代中秋夜是不眠之夜，主管治安的官员取消例行的宵禁，夜市通宵营业，“闾里儿童，连宵嬉戏”，玩月游人，达旦不绝。

明清之后，因时代的关系，社会生活中现实的功利因素突出，岁时节日中世俗的情趣愈益浓厚，中秋节俗的变化更是明显。以“赏月”为中心的抒情性与神话性的文人传统减弱，功利性的祭拜、祈求与世俗的情感、愿望构成普通民众中秋节俗的主要形态，中秋成为民众时间生活中的重要节点。唐宋时代地位微弱的中秋上升为与年节端午并列的民俗大节。节俗活动丰富多样。

三 中秋节俗的基本要素

八月十五日，中秋节，是明清时期的民俗大节。中秋节在宋元时代是一般性节日，明朝以后中秋地位显著上升，清代成为与新年、清明、端午并重的四大节之一。

明清时期的中秋节俗内容较前代有了显著的扩充，节俗主要表现以下三方面：

1. 祭月、拜月，庆祝丰收

唐宋时期的中秋节主要是赏月、玩月，中秋是一般的社交娱乐性节日。明清时期节日性质发生变化，人们同样赏月，但似乎更关注月神的神性意义，以及现实社会人们之间的伦理关系与经济关系。中秋是丰收的时节，人们利用中秋节俗表达对丰收的庆祝。祭祀月亮时的时令果品，既是对月亮的献祭，更是对劳动果实的享用。

祭月、拜月是明清中秋时节全国通行的习俗，清代俗谚说："八月十五月儿圆，西瓜月饼供神前。"清代有特制的祭月月饼，此月饼较日常月饼为"圆而且大"，《燕京岁时记》称"至供月月饼到处皆有，大者尺余，上绘月宫蟾兔之形"。特制月饼一般在祭月之后就由家人分享，也有的留到除夕再来享用，这种月饼俗称"团圆饼"。明清江南以素斋供月，有老南瓜、菱藕、月饼等，旁边放凉水一碗，妇孺拜月毕，以指蘸水涂目，祝曰眼目清凉。

各地对月亮神的形象有不同的描述与理解。在福建汀州一带，中秋夜有“请月姑”的习俗。浙江西安县小儿女凑钱备办糖、米昊、茶等环供月下，名为“拜月婆”。诸暨的大户人家在中秋节制作大月饼，杂以瓜果，“迭案供月，谓之‘宴嫦娥’”。【图 3–7】台湾新竹旧时每年中秋之夜，家家户户在月下设案焚香，供饼果祭拜，名为“拜月华”。相传月光五色斑斓，并有神仙护送，称为月华，见到月华就有福分。诚如道教经书《太

图 3–7 祭月供桌

阴真经》的谆谆告诫 ："世人敬我月光神，福禄绵绵永康宁。"苏州家家户户摆上瓶花香蜡，不设月宫符像，望空礼拜，小儿女"膜拜月下，嬉戏灯前，谓之斋月宫"。扬州小秦淮河，中秋节"供养太阴"，彩绘广寒清虚之府，称为"月宫纸"；又以纸绢作神像冠带，月饼上排列素服女子，称为"月宫人"；然后以莲藕果品祭祀。

值得注意的是前代拜月男女俱拜，宋代京师中秋之夜，倾城人家，无论贫富，从能行走的孩童至十二三岁的少年都要穿上成人的服饰，登楼或于庭中"焚香拜月，各有所期"。男孩期望"早步蟾宫，高攀仙桂。"意思是说，请月神保佑早日科举成名。当时有诗咏唱其事 ："时人莫讶登科早，只为嫦娥爱少年。"女孩则祈求有一副美丽的容颜 ："愿貌似嫦娥，圆如洁月。"宋人推重的是郎才女貌。

明清以后，祭月风俗发生重大变化，男子拜月渐少，月亮神逐渐成为女性崇拜对象。北京有所谓"男不拜月，女不祭灶"的俗谚。明清时代北京中秋节新添了一个节令神偶——彩兔。明代"中秋节多以泥抟兔形，衣冠踞坐如人状，儿女祀而拜之"（纪坤《花王阁剩稿》）。清代人们昵称玉兔为"兔儿爷"【图 3-8】，人们用黄沙土作白玉兔，装饰以五彩颜色。兔儿爷的制作工艺精美、造型千奇百状、滑稽有趣，有上张伞盖，

图 3-8 兔儿爷

衣冠楚楚，扮作官员者；有身穿甲胄，手持大旗，扮成武士者；有骑虎者，有静坐者；大的高三尺，小的不及寸。京城人“齐聚天街月下，市而易之”。兔儿爷给市井生活增添了许多的情趣。19 世纪初，民间径将祭月称为“供兔儿爷”。名称的这一变化，包含着丰富的文化信息。高悬的明月，在近代百姓那里已俗化为可触可摸甚至可以把玩的物件，虽然人们依旧供奉它，但其已失去神圣的品性，成为一种世俗观念的表达。

在少数民族中同样盛行着祭月、拜月的风习。鄂伦春人祭月时在露天空地放上一盆清水，摆上祭品，然后跪在盆前，向月叩拜；土族人用盆盛清水，将月亮的倒影收到清水盆中，然后，人们不停地用小石子打盆中的月亮，俗称“打月亮”。广西西部壮族的“祭月请神”活动更典型，每年夏历八月中旬，有的就在中秋夜，人们在村头村尾露天处，设一供桌，供放祭品和香炉，桌子右边竖一高约一尺的树枝或竹枝，象征社树，亦作月神下凡与上天的梯子，这里保存了古老的月亮神话因素。[①]由此可知，在偏远的少数民族中仍传承着遥远的祭月古俗，在中秋时节人们能够与月神进行直接的对话与交流，这与少数民族的文化特性有关。

2. 分享、馈送“团圆饼”

中秋节令食品是月饼，月饼在民间称为“团圆饼”。中秋时节正是收获的季节，人们为了加强家族、社会成员之间的联系，互相馈赠礼物，月饼就成为人们相互交流的信物与吉祥的象征。

月饼的形制在宋代可能就有了。苏东坡曾写诗赞曰：“小饼如嚼月，中有酥与饴。”但从文献记载看，当时的节物重在尝新，如尝石榴、枣、栗、桔、葡萄等时新水果，饮新酒等，有“秋尝”的意味，还没有将月饼作为重要的节令食品。以月饼为中秋特色食品及祭月供品的风俗大概始于明朝。民间流传的元朝末年八月十五吃月饼反抗统治者的传说虽不足信，但至少部分说明了明初以来中秋吃月饼的事实。明代月饼作为中秋典型节日食品，宫廷中秋太子要向父皇进献月饼。民间城乡更是以月饼为节礼互相馈送。

明代京城“士庶家俱以是月造面饼相遗”。这种面饼大小不等，呼为“月饼”。月饼的制作

① 参看何星亮《中国自然神与自然崇拜》，上海：上海三联书店，1992年，第197-200页。

在明代后期的北京已经十分考究，价格也不便宜，“市肆以果为馅，巧名异状，有一饼值数百钱者”（沈榜《宛署杂记》卷十七）。清代北京中秋祭月除香灯品供外，就是团圆月饼【图 3-9】。清代后期北京出现了品牌月饼，前门致美斋的月饼为“京都第一”。一般供月的月饼到处都有，大的直径有一尺多长，上面绘有月宫、蟾蜍、玉兔等图案。北京月饼有祭祀完后分食的，还有一种吃法是将月饼留到岁暮除夕“合家分用之，曰团圆饼也”。苏州人家同样以月饼为中秋节物，相互馈遗。《西湖游览志余》中说：“八月十五日谓之

图 3-9 清中秋月饼幌子
北京民俗博物馆藏

中秋，民间以月饼相遗，取团圆之义。”清代杭州依然传承明代节俗，“中秋食月饼，夜则设以祭月，亦取人月双圆之意耳”（范祖述《杭俗遗风》）。

现代月饼生产形成地域风格，有京式月饼、广式月饼、苏式月饼、甬式月饼（宁波）等，它们在月饼内馅、月饼形制及加工方法上都有自己的特色。京式月饼，酥皮、冰糖馅；广式月饼以糖浆面皮为主，有酥皮、硬皮两种，月饼有咸甜两味，馅有肉类与莲蓉、豆沙等；苏式月饼，也是酥皮，饼馅常用桃仁、瓜子、松子，配以桂花、玫瑰花等天然香料；甬式月饼，酥皮，多用苔菜为馅。传统月饼糖多油重，近年来多流行以果类为馅的低糖月饼。

小小的月饼在民间生活中作为团圆的象征与联系亲族情感的信物互相馈送，从而实现对亲族关系的再确认。中秋月饼有具体的吃法，一般民间切月饼都要均匀切成若干份，按人口数平分，每人都享受到月饼的一块，象征家庭成员是团圆的一部分。如家中有人外出，便特地留下一份，象征他也参加了家庭团聚，这块月饼留待除夕他回来享用。这种以饮食团聚家人的方式是中国人所特有的文化习惯。

3. 团聚家人

团圆是中秋节俗的中心意义。因为家族生

活的关系，中国人有很强的家族伦理观念，重视亲族情谊与血亲联系，较早形成了和睦团圆的民俗心理。家庭成员的团聚成为家族生活中的大事，民俗节日就为民众的定期会聚提供了时机。

在传统年节中都不同程度地满足着人们团圆的要求，如除夕的“团年”、重阳的聚饮等。中秋为花好月圆之时，“海上生明月，天涯共此时”，人们由天上的月圆联想到人事的团圆，因此中秋在古代被视为特别的“团圆节”。宋人的团圆意识已与中秋节令发生关联，宋代城市居民阖家共赏圆月，就是体现了这一伦理因素。明清时期，由于理学的浸染，民间社会乡族观念增强，同时也因为人们在世俗生活中更加认识到家族社会的力量，因此人们在思想情感上对家庭更为依恋。秋收之际的中秋节，正是加强亲族联系的良机，“中秋民间以月饼相遗，取团圆之义”（田汝成《西湖游览志余》）。值得注意的是，中秋节民间尤其重视夫妇的团圆。出嫁的妇女中秋要赶到娘家与父母团聚，当天又必须返回夫家，与夫君团圆。俗语云：“宁留女一秋，不许过中秋。”

4. 祈婚嫁子嗣

中秋正值秋天收获的季节，民间在对神灵酬谢的同时，也祈求着生殖的力量。

上古“合男女”是秋收后的主要人事活动。古代秋社中的祈子仪式就是这一活动的时间规范。中秋节出现以后，男女相会，祈求子嗣习俗逐渐转移、合并到中秋节俗之中。妇女对月祈祷与月下出游大都与婚嫁子嗣相关。中秋夜游玩月在宋代已经流行，明代亦盛，特别是在江南苏杭地区，杭州西湖“苏堤之上，联袂踏歌，无异白日”。苏州夜游盛况，由明人张岱《虎邱中秋夜》描述可知：“虎邱八月半，土著、流寓、士夫、眷属、女乐、声伎、曲中名妓、戏婆、民间少妇、好女、崽子、娈童及游冶恶少、清客、帮闲、傒僮、走空之辈，无不麟集。”清代以后俗称为“走月亮”，中秋夜，妇女盛装出游，踏月访亲，或逗留尼庵，深夜不归。

“走月”是民间妇女的解禁日，在“结伴闲游”的背后隐含着祈求生殖的意义。据同治《江夏县志》记载：中秋夜江夏城中滋阳桥特别热闹，桥上的石龙首成为出行少妇争相抚摸的对象，为的是能得到媒神的恩惠，祈子的意义十分明显。近代南京盼望子嗣者，先游夫子庙，然后过桥一行，说是可以如愿。近代湘潭一带，中秋游宝塔的习俗，也与“走月”一样，祈求着人类的生殖与健康。当地传唱这样一首歌谣：“八月十五游宝塔，带起香烛敬菩萨。老人家青头发，后生子有财发，堂客们生个胖娃娃，满妹子对个好人家。”

“摸秋”或者称“偷瓜送子”，是南方地区普遍流行的中秋祈子习俗。人们在中秋之夜，到田间“偷”瓜，然后吹吹打打、热热闹闹地将描画成婴儿模样的东瓜或南瓜送给婚后数年不育的夫妇，以求瓜瓞绵绵。浙江西安县“偷摘瓜芋，以衣襟囊之送新妇家,曰‘献生子’”。安徽庐江“男妇夜游，窃瓜瓠以祈子，谓之‘摸秋’”。江西南昌“中秋之夜，妇女暗数高桥桥柱，宜子。妇人结队入园圃中窃瓜菜之属怀之，谓之‘摸青’，为宜子之祥”。有的地方夜中摸索的不是瓜果之类，而是瓦片、石子。如安徽怀宁，“是夕，城中妇女率至枞阳门内，百子庵前、鹭鸶桥畔摸索砾块占子，石为男，瓦为女焉”。南方少数民族的男女青年中秋跳月，对歌联欢，更是保存了中秋月下活动的原始属性。湘西、黔东侗族流行着中秋“偷月亮菜”的习俗。传说这天晚上天宫仙女下凡，将甘露洒遍人间，人们在月光下“偷”这种洒有甘露的瓜果蔬菜，就能获得幸福。偷瓜菜的地点，青年男女各有自己的选择，一般都去到意中人的园中去“偷”，偷时嬉笑打闹，引出自己的情侣，共享“偷”的幸福果实。[①]

5. 账目清结日

中秋，在文人士大夫看来是赏月的良宵，在农人那里为占卜来岁气候天象的时日，在妇女眼里是难得的嬉游之夜，在工商民户那里，却是一个结清钱债的日子。“凡钱债至五月节、八月节，必清结，谓之节关，而中秋视端午尤重”。（尚

① 巫瑞书：《南方传统节日与楚文化》，武汉：湖北教育出版社，1999年，第190—192页。

秉和《历代社会风俗事物考》卷三十九“岁时伏腊”)中秋是一年中最重要的算账日，也是“老板”与“雇员”续约或终止契约的时日。债务人愁眉苦脸想方设法捱过此节，店家伙计也担心在晚间盛宴之后被告诉明天不要再来。对于这些人来说，中秋不那么令人兴奋，月亮有无并不重要，过节也就是过关，所以“节关”之说，十分妥帖。中秋节在这里演变为工商社会的时间段落标志，显示了节日对经济社会的调节意义。

团圆庆贺是中秋节俗的主旨。天上圆月，人间月饼，圆满是人们希冀的生活目标，团圆是中国人特别追求的一种人伦境界。春节、元宵等节日都有不少节物表达着团圆的意象。中秋在岁时节日中尤重团圆，古代就称它为“团圆节”。

人月两团圆的意境对于中国人来说，是一种生活中的理想。我们在日常生活中往往不能真正地实现这一理想，但中国人都怀有这样一种心情，这种心情就通过节日习俗来表达。圆润的中秋明月，就给国人一种精神提示，以天上的圆月来促进人事的团圆。古代中国有不少征夫、商贾、官员、文人因为职责或生计，远离故土，中秋夜的圆月唤起人们对团圆的向往，对亲人的思念，“举头望明月，低头思故乡”。

节日是日常生活的亮点，节俗文化是时代精神的聚焦，中秋经历了文人赏月雅趣、民间拜月的情趣，以及有心吃月饼、却无心看月的俗趣，节俗形态从古至今发生了重大变化。明月依旧，人心已非。一部中秋节俗形态演变史，也就是一部中国民众心态的变迁史。

当代社会，中国的人口处于大流动大迁移的状态，成千上万人离开熟悉的故乡前往陌生的异地，人们对故乡的依恋，可以从前几年流行的一首《常回家看看》的歌曲中体味。因此，中秋节团圆习俗，以及利用这一节俗表达一种思念的情绪，在当代有着十分重要的现实意义。

第四节 重阳节

“又是九月九，重阳夜，难聚首，思乡的人儿漂流在外头。”几年前，一首《九月九的酒》迷醉了多少游子心,同时它又掀动了游子几多乡愁；重阳糕、菊花酒、茱萸佩，这一道道重阳风景，编织着多少漂泊者的故乡之梦。在社会人口大流动的当代，重阳，这一古往今来的郊野聚会宴赏时节，为离开乡土的人们提供了梦寻故土的时间感觉，重阳宣泄了思乡人的抑郁情感，抚慰了旅行者悬浮的心灵。重阳又是传统的祈寿之节，人们在感伤的同时并没有失去对新生活的期盼，重阳为眷恋生活的人们开辟了一片晴朗的天空。重阳以其特定的人文价值在现代社会生活中重新找到了自己的位置。

一 重阳的时令

中国的人文节日大多依托着一定的自然时

序，在岁时节俗中，人们融入了较多的时季意识，因自然物候的变化，而兴起对社会人生的感怀。九月节俗的原型之一是古代的祭祀大火的仪式。

作为古代季节星宿标志的“大火”（即心宿二），在季秋九月隐退，《夏小正》称“九月内火”，大火星的退隐，不仅使一向以大火星为季节生产与季节生活标识的古人失去了时间的坐标，同时使将大火奉若神明的古人产生莫名的恐惧。火神的休眠意味着漫漫长冬的到来，因此，在“内火”时节，一如其出现时要有迎火仪式那样，人们要举行相应的送行祭仪。古代的祭仪情形虽渺茫难晓，但我们还是可以从后世的重阳节仪中寻找到一些古俗遗痕。如江南部分地区有重阳祭灶的习俗，“是日，宜晴。人家用赤豆饭祀灶”（民国《乌青镇志》）。灶神是家居的火神，由此可见古代九月祭祀“大火”的蛛丝马迹。古人常将重阳与上巳或寒食、九月九与三月三作为对应的春秋大节。晋人葛洪《西京杂记》称：“三月上巳，九月重阳，士女游戏，就此祓禊登高。”上巳、寒食与重阳的对应，是以“大火”出没为依据的。

随着人们谋生技术的进步，人们对时间有了新的认识，“火历”让位于一般历法。九月祭火的仪式衰亡，但人们对九月因为阳气的衰减而引起的自然物候变化仍然有着特殊的感受，因此登高避忌的古俗依旧传承，虽然世人已有了新的解释。重阳正值暮秋时节，处在寒露与霜降之间，此时在蒙古形成的冬季风开始自北南侵，气温明显转凉，寒风乍起，草木黄落，人们明显感受到了九月的秋寒。江苏常熟白茆等地农民将重阳视作寒气新到的节点，名为“重阳信”，即立秋后的第一个寒信；南京人有这样的俗谚：“吃了重阳糕，夏衣就打包。”重阳在民众生活中成为夏冬交接的时间界标。如果说上巳、寒食是人们度过漫长冬季后出室畅游的春节，那么重阳大约是在秋寒新至、人们即将入室隐居时的具有仪式意义的秋游，所以民俗有上巳“踏青”，重阳“辞青”。重阳节俗就围绕着人们的这一时季感受展开。

二　重阳节俗事象

1. 登高野宴

登高野宴是重阳节俗的中心内容。登高的原始意义在于逃避灾祸，重阳为何登高，登高何以能避祸，这是一个饶有兴味的话题。重阳时节，天气初寒，人们不仅在肃杀秋风中感受到季节的冷暖变化，而且在夏冬时气的升降中，难于适应，人们容易感染时疾。这样，重阳时节在古代被视为危险的季节。在神秘的阴阳观念居支配地位的时代，九九重阳意味着阳数的极盛，凡事盛极必衰（在古人心目中，“大火”的隐没可能作如是想）。因此，九九重阳之日，有如五月五日是令人生畏的灾日。人们为了避开这一不吉之日，就采用了一种超乎寻常的行为，以出外登高野游的方式，脱离有可能发生灾祸的日常时空。在具有原始信仰的古人那里，由室内到室外的空间移动，即能纾解生存的危机。这种登高避祸的方式在古代节俗中常常出现，有人日登高、正月十五日登高等。登高习俗可能最初起源于平地居民，异于平川的高山，在原始居民观念中属于神奇之地，登临高处，意味着接近了天神，因此也就易于获得福佑。这种登高习俗后来随着文化的移动，播布全国。

重阳登高【图 3-10】大概萌芽于汉代，杜公瞻在《荆楚岁时记》注文中说：九月九日宴会，不知起于何代，“然自汉至宋未改”（此处的“宋”为南北朝时期的刘宋王朝）。梁人吴均在《续齐谐记》中引证了一则传说，解释重阳登高习俗的起源。汝南人桓景跟随方士费长房游学。一天，费长房对桓景说：“九月九日，汝南当有大灾降临，赶快通知家人缝制布囊，在布囊里装上茱萸，然后将茱萸囊系在手臂上，登山饮菊花酒，此祸可消。”桓景听信了费氏之言，举家登山。傍晚，桓景一家归来，见鸡犬牛羊全都暴死。费长房得知此事后说：“这些家畜已经代人受灾了。”吴均接着这个故事说，今世人九日登高饮酒，妇人戴

图 3–10 张殿英《登高》画

茱萸囊，“盖始于此”。

一般来说，民俗传说晚于民俗现象本身，当然也有例外。这则传说同样是对已有民俗的一种神秘解释，但这一解释十分贴近节俗实质，它以形象的故事，说明了重阳登高民俗的原始内涵，登高、佩茱萸、饮菊花酒都是为了消灾远祸。魏晋南北朝时代，是一个社会大变动的时代，是重视日常生活的感性时期，同时也是一个深怀忧虑的时代。因此，登高避祸、饮酒祈福的九月九成为社会上下共享的世俗大节，所谓“汉崇上巳，晋纪重阳”即由此而发。而且，人们有意识地强调重阳的祈寿祈福的节俗意义。《魏文帝与钟繇书》中重新解释九月九的意义：“九日为阳数，而日月并应，俗嘉其名，以为宜于长久，故以享宴高会。”以九九谐音“久久”，反应了当时人求吉的社会心态。葛洪亦明白地说：“九月九日，佩茱萸，食蓬饵，饮菊花酒，令人长寿。”（《西京杂记》卷三）南朝宋人孙诜在《临海记》中也记述了浙江临海地区重阳登高之俗：“郡北四十步有湖山，山甚平正，可容数百人坐。民俗极重九日，每菊酒之辰，宴会于此山者，常至三四百人。”由此可见当时九九登高野宴之俗的流行。

重阳佳节的登高野宴中有三大民俗佳品：菊花酒、茱萸佩、重阳糕（原称蓬饵）。

2. 菊花酒

菊是应时的花草，在“霜降之时，唯此草盛茂”，因此菊被古人视为“候时之草”，并且由于菊之独特品性，菊成为生命力的象征。白居易曾引元稹诗云：“不是花中偏爱菊，此花开尽更无花。”（《禁中九日对菊花酒忆元九》）在萧瑟秋风中，百草凋零，唯有菊花，凌霜开放。独立寒秋的菊花，在古人那里有着不寻常的文化意义。它在仙道方家眼中是“延寿客”、不老草。因此，赏菊与饮菊花酒成为重阳的主要节俗。晋朝隐士陶渊明爱菊之高洁，以菊明志。九月九日这天，他虽家贫无酒，但依然出门坐进宅旁菊花丛中，久之，满手把菊。突然，江州刺史王弘送来了重阳酒，陶渊明“即便就酌，醉而归”。陶渊明所饮之酒大概就是用上年菊花酿成的菊花酒。

菊花酒用菊花杂和黍米酿成，“菊花舒时，并采茎叶，杂黍米酿之，至来年九月九日始熟就饮焉，故谓之菊花酒”。九月九日所酿的菊花酒在古代被视为延年益寿的长命酒。《太清记》称：“九月九日采菊花与茯苓、松脂，久服之令人不老。”菊花酒虽然达不到“令人不老”的奇效，但它的确有清热解毒、明目祛风、平肝疏肺、益阴滋肾的药用价值。九月九日是传统的赏酒节，唐人王勃诗咏其事：“九日重阳节，门门有菊花。不知来送酒，若个是陶家。”直到南宋时，重九时节的民俗活动依然是“饮新酒，泛萸簪菊”。宋人以菊花、茱萸泡酒，名茱萸为“辟邪翁”，菊花为“延寿客”，认为借此二物，“以消阳九之厄”。重阳酿酒、赏酒之俗在民间持续传承，山东滕县、临沂、日照等地，在近现代仍在重阳造菊花酒，当地谣谚说：“九月九，九重阳，菊花做酒满缸香。”

3. 茱萸佩

茱萸是秋季成熟的椒科植物，在古代民众知识中，茱萸到九月九日“气烈成熟”，因此人们习惯在这天，“折茱萸房，以插头”，说是可以辟恶气，而抵御初寒。侵害身体的晚秋寒气在古代常被视为鬼魅恶气，能够驱风逐邪、消积祛寒的茱萸在民间成为驱病疗疾的巫术用品。《杂五行书》说：在屋舍旁种“白杨、茱萸三根，增年益寿，除患害也”。而悬茱萸子于室内，即有“鬼畏不入”的效果。重阳成熟的茱萸具有如此神奇的驱邪效用，人们自然会对它另眼相看，将茱萸称作“辟邪翁”。

在重阳节这天，年轻人或佩茱萸囊，或茱萸插头，以驱邪求吉。王维在《九月九日忆山东兄弟》诗中记述了这一情景：“独在异乡为异客，每逢佳节倍思亲。遥知兄弟登高处，遍插茱萸少一人。”节日是日常生活的亮彩，节日中往往凝聚着不一般的人间情感，在节日这一人文节点复现时，其独特的节俗情调易于唤起人们对往昔时间生活经验的追忆。少年王维漂荡异乡，重阳节掀起了他思念手足的情感波澜。由此亦见，唐时重阳节登高茱萸插头习俗的流行。茱萸是重阳节特有的辟邪物品，佩茱萸成为重阳节俗的主要标志，因此登高会也称“茱萸会”，重阳节被称为“茱萸节”。唐人张说《湘州九日城北亭子》诗云：“西楚茱萸节，南淮戏马台。”从节俗的原始意义看，茱萸与登高的结合应该是最早的。但在宋元以后，插茱萸的习俗逐渐稀见了。其变化的因由大概要从重阳节俗重心的潜移中去理解。重阳在早期民众的时间生活中强调的是辟邪消厄、逃避灾难；随着人们生活状态的改善，人们不仅关注目前的现实生活，而且对未来生活给予了更多的期盼，祈求长生与延寿。所以“延寿客”（菊花酒）的地位最终盖过了“辟邪翁”（茱萸）。

4. 重阳糕

九月食糕的习俗起源很早，“糕”之名，虽然起于六朝之末，但糕类食品在汉朝时即已出现，当时称为“饵”。《说文》：“饵，粉饼也。”饵的原料是米粉，米粉有稻米粉与黍米粉两种，黍米有黏性，二者和合，“合蒸曰饵”。黍为五谷之长，黍在古代是待客与祭祀的佳品。九月，黍谷成熟，人们以黍米为应时的尝新食品，因此，首先以黍祭享先人。重阳糕【图 3-11】的前身就是九月的尝新食品。这也就是后世民间在重阳节，以重阳糕荐神祭祖的秋祭习俗渊源。

六朝时期登高古俗得到光大，重阳节俗形成，糕类自然成为节令食品。如童谣所谓：“七月刈禾伤早，九月吃糕正好。”（《隋书·五行志上》）在中国节俗中，节令食品往往占有特殊的位置。人们总是以岁时节日作为向神灵献祭的专门时间，新收获的食物自然是最好的祭品，用新获的黍稻做的糕类是重阳秋祭的祭品，也是民众以分享祭品的方式，分享神惠的时节佳品。唐宋

图 3-11 重阳糕

时重阳食糕俗流行，唐称“麻葛糕”，宋人亦习称“重阳糕”。吴自牧在《梦粱录》中记述九月九日：“此日都人店肆，以糖面蒸糕，上以猪羊肉鸭子为丝簇饤，插小彩旗簇之，名曰‘重阳糕’。”（卷五）由于糕面有多种装饰，重阳糕在明清以后又多称为“花糕”。重阳花糕成为都市、乡村的应节食品。1936年《山阴县志》记重阳节俗有：重阳登高，蒸米为五色糕，剪彩旗供小儿娱戏。

从九月九食饵到重阳食糕，看起来似乎只是字面上的变化，实际上它隐含着重大的社会变化。食饵最初主要有祭祀与辟邪的意义，《西京杂记》卷三有“食蓬饵以祓妖邪”的记述。六朝之后，随着社会文化的世俗化，人们更注重现实生活的顺遂。糕在汉语中谐音“高”，糕是生长、向上、进步、高升的象征。宋代民俗，在九月九日天亮时，“以片糕搭儿女头额，更祝曰：愿儿百事俱高。作三声”（吕原明《岁时杂记》）。糕不仅谐音“高”，而且重阳糕上的诸种饰物也都有着各自的寓意。如糕上置小鹿，称为食禄糕。糕上的枣、栗、狮子之类饰品，都是中国传统的祈子象征物，它们明白地表示着人们在秋收时节祈求子嗣的愿望。重阳还是出嫁的女儿回家的日子，接出嫁女儿回家吃重阳糕，是重阳的另一节俗。俗谚有“九月九，搬回闺女息息手”。所以重阳如端午一样，被称为“女儿节”。重阳节妇女回娘家食糕，表面上的意义是团聚、热闹，其隐含的原始动机是向母系家族乞求生殖力量。重阳糕犹如社饭，都体现着生命的意义。

5. 祈寿与敬老

重阳节俗的核心是古代民众对时季的神秘体验，它最初起源于对“大火”消失的恐惧，祈求“大火”再生，让人们重新获得“天时”；后来人们将秋尝、秋社等丰年祭的因素复合到重阳节俗之中，使重阳由原来的登高避祸避灾演变为登高祈寿祈福。其中，祈寿节俗尤为突出。魏晋南北朝时期，社会动荡，人生譬如朝露，人们恐惧生命的短促，渴望长命。因此，倡导服食修炼，以求长生的仙道信仰流行，重阳节俗明显地受到道教影响。道教信仰与民间原始信仰有着同源的密合关系，所以二者的交汇显得十分自然。以登高服食的方式，求取“新寿”，是魏晋以后重阳节俗的主要内容。不仅晋人葛洪说重阳节俗饮菊花酒等“令人长寿”，隋人杜公瞻在《荆楚岁时记》注文中也记述了当时的北方重阳节俗：“今北人亦重此节，佩茱萸，食蓬饵饮菊花酒，云令人长寿。”唐宋诗文中将重阳与寿庆关联咏唱的更是比比皆是，“兹辰采仙菊，荐寿庆重阳”算得上是其中的佳句。

重阳在后世成为祝寿节、老人节。在壮族，人们将农历九月九日称为“祝寿节”，壮族老人在满六十岁生日那天，子孙都来庆贺，并且为老人添置一个寿粮缸。此后，每到九月九日，晚辈都要给寿缸添粮，直到添满为止。这缸粮米，称为“寿米”，平时不能食用，只有老人生病时才煮给老人吃，说此米能帮助恢复健康，延年益寿。缸里的米不能吃完，否则老人不长寿，所以晚辈要在重阳这天给老人添满米粮。出嫁的女儿也在这天拎着新米回来“补粮缸”。这真是一则敬老的良风美俗。

随着人们文化意识的变化，重阳登高活动也经历了从实际践履郊野的登高到象征性的仪式表演登高，从民众共享的避忌登高到主要是文人、市民的娱乐登高的历史变化。登高远足的重阳活动与六朝士人啸咏山林的生活习性有一定的关系。在社会生活渐趋安定之后，人们追求安逸与享乐，避忌心理减弱，人们由“籍野饮宴”变化为“皆宴设于台榭”。重阳成为宴会享乐的名目。佛教寺庙增多之后，人们以游览名胜与登宝塔作为登高。有的径直以重阳吃糕来替代登高，将重阳糕称为“登糕”。重阳节由登临高山到宴会台榭，由远足之劳到口腹之乐，重阳节俗由动趋静，由神圣转向世俗，表现了中国传统节俗演变的一般趋势，也表明人们节日感觉的衰减。

在目迷五色的当代社会，我们能否从传统的节俗中汲取有益的成分，返璞归真；借重阳这一秋高气爽的秋游时节，离开喧闹的都市，登上高山，体验孟嘉“龙山落帽”的野趣，神会李太白“登高望山海”的胸怀。实在地说，“藉野饮宴”的啸咏高歌远胜于歌厅的浅斟低唱，祈寿的菊花酒香过美味咖啡。杜牧九日登高所赋：“尘世难逢开口笑，菊花须插满头归。”虽然情调有些低沉，但未尝不可以作为我们秋节登高的勉励。

七夕两情相悦，中元礼拜亡灵，中秋人月双圆，重阳祈寿敬老，在自然的秋天，人们以节日的形式，畅快地表达着对家人、祖先、自然的真挚情感与感恩意识，这份情愫是传统中国人生存的精神动力，也是在严冬到来之前的告别仪式与文化历练。

第四章　冬之礼敬

冬天是万物隐伏、大地闭藏的季节，人们数着九九歌，期待着迎春花的开放。冬天的节日适应人们度过寒冬、期盼新年的心理需要。十月一，寒衣节，立冬伊始，人们关心到另一世界的亲人，要为他们送寒衣；冬至节，自古号称“天正”，是阳气始生时节，在古代皇家颁历，百姓家家吃冬至馄饨或冬至团；灶王节是除夕前的最后节日，送灶王上天，是人们对居家火神的礼敬。

第一节　寒衣节

农历十月在历史上是一个重要的月份，它不仅是收获祭礼与丰年宴会隆重举行的时月，同时也是冬寒乍起的时节。

十月，在前人看来是一个既喜且忧的月份。人们在十月节俗中一面聚餐会饮，欢庆丰年；一面祭祀祖灵，祈请先人的佑护，为度过寒冬作精神准备。后世的十月节俗活动或隐或显地传袭了人们这种特有的时间感受。

一　“十月朝”的节气时令

十月节的时间点在十月朔，即十月初一，俗称“十月朝”“秦岁首”“寒衣节”，这些具有不同内容的民俗节日，其节俗的基础源于人们的时季意识，收获祭与立冬节气是这些节日的原型与节俗依据。

在汉魏之前，天文物候直接作为时间变化的

标志，人们将日月会于东方天际的时间，所谓“日月会于龙豵”，作为祭祀的时间节点。这一时间大致在夏历十月初一，从北半球的自然气候上看，正是“水始冰，地始冻”的孟冬之月。在这一天文物候循环周期的终结与开始的神秘之时，人们自然要向天神献祭，“国于是乎烝尝，家于是乎尝祀”（《国语·楚语下》）。作为时气点的立冬，其确定的依据现在是以太阳到达黄经225度为准，时间在今公历的11月7日或8日。在古代只能通过天象观测与物候变化来确定，时间在十月初，与日月合辰于尾宿的时间大体一致，史称“立冬，十月之朔气也”。1999年的立冬节正好在农历的十月初一。

立冬是十月的大节，古代社会十分重视自然节气的转换，无论是春夏秋冬，还是冬夏春秋，立冬作为四季循环的终点或起点的节气标志，受到人们特别的关注。在天文知识被少数人垄断的王官时代，立冬迎气是一个显示天子威权的盛大典礼。作为王家国事活动的时间政令——《月令》，对立冬典礼作了专门的记述：本月立冬，在立冬的前三天，负责天象观测记录的官员太史要特地向天子禀报：“某日立冬，盛德在水。”于是，天子斋戒三日。到了立冬这天，天子亲率三公、九卿、大夫等朝廷命官到王城的北郊，迎接冬气。迎回冬气后，天子要对为国捐躯的烈士及其家小进行表彰与抚恤，以此顺应肃杀的时气。这种在冬季到来时的抚慰死者的举动，应该说是有它深层考虑：表彰死者、抚恤生者不仅仅是顺应时气的需要，其真正的意义在于它在冬季闭藏阶段既请死者佑护生灵，又鼓励民众抵御外敌或恶寇的掠夺与侵袭。古代的四时之祭中的冬烝之祭就在立冬时节举行，四祭的特点是以四季的时令佳品向祖灵献祭，让先祖及时尝新尝鲜，是为人子孙的义务与责任；十月是黍、稻收获的时节，如《诗经》所谓“十月纳禾稼”。冬烝之“烝”，董仲舒的解释是：“蒸者，以十月初进稻也。”（《春秋繁露·四祭》）作为羌人后裔的彝族，其传承的农历十月新米节，即具有这一民俗性质；十月谷物的进仓，标志着农业生产周期的结束，亦即年节的到来，“天子乃祈来年于天宗，大割祠于公社及门闾，腊先祖五祀，劳农以休息之”（《月令》）。在年节祭礼中，人们以大量的牺牲祭祀公共社神及城门里闾之神，以猎获的禽兽祭祀先祖与门、户、中霤、灶、行五神；并礼敬日月星辰，祈求上天赐给来岁的丰年；勤苦的农民亦获得饮酒与休息的酬劳。

二　秦岁首

十月，在古代处于新旧之交，十月初一不仅被视作冬季的首日，还在相当一段时间内它被作为历年之首。汉魏以后民间一直有“十月朝”与

“十月朔”的节俗名称，这也就是十月初一为岁首的遗迹，“朝”与“朔”与月份相连，一般是岁首时间的特指。正朔、正朝是夏历岁首正月初一的特称，与此习称相应的十月朔、十月朝同样有岁首的意义。在中国传统岁时体系中，长期以“初一”为节的只有大年初一与十月朝（二月初一中和节是一个例外，它由帝王倡导，是人为的指令性节日，民俗基础薄弱，因此流传的范围主要限于社会上层，在民间几无影响）。由此可见，“初一”在正月与十月中的特定含义。在著名的中国古代岁时著作《荆楚岁时记》中，宗懔首次记述了南朝荆楚人的年度时间生活，他称十月初一为“秦岁首”，也就是秦历新年，这天人们要吃一种由黍米与豆类合烹的热羹。这种食品在近代仍是十月节令食品，但今天已变成了豆泥豆沙等四季常有的日常吃食。

秦人为何选择十月为岁首之月呢？秦人国运短促，但秦岁首却影响久远，这里有值得探讨的意义。秦崛起于西北地区，属于戎羌民族。以十月为岁首是古代于戎羌部族的旧俗，在未有历算之前，他们大概以立冬为年度周期的开始。秦人沿袭了这一部族传统，在统一全国后，依然以十月为岁首。秦以亥月为一年之始，此月相当于夏历十月，这正合乎三代以来岁首依次后移的习用方法，即夏正建寅、殷正建丑及周正建子的更迭旧制。秦既保留了自己的民俗传统，又表示自己是顺应天命代周而立，将岁首定在亥月。后来秦人虽然亡国，但有着悠久传统的岁首习俗并没有消亡，不仅汉武帝定历之前，数代沿用秦历，即使改历之后，民间仍以秦岁首为节日。民间习俗与国家政令的不同步，甚至矛盾，这在中国历史上是习见的文化现象，它显示着官方文化与民间文化的差异性。民众看重习俗文化的传承，及服务生活的便利，并不计较是否是正朔所在，诚如古代诗人沈遘在《初冬近饮酒作》中所咏：

> 炎家（指以火德自称的汉朝）天子起编户，政患嬴皇威令酷。急于恩纪缓文法，正岁尚犹传五六。吾民久已作秦民，迄今十月犹遗俗。野人何暇论年代，但忆每逢多稼熟。青裙女子翻茜袖，抽镰获稻腰如束。三时勤苦一时好，自古有年非汝独。（《古今岁时杂咏》卷三十八）

从民族志记录的材料中我们仍能感受到民众的这种文化保存精神。与秦人有共同族源，也可能本身就是秦人之后的哈尼族至今仍保持着戎羌旧俗。新年从冬季开始，十月年是哈尼人的最大节日，家家户户作糯米粑，酿“闷锅酒”，每个哈尼村寨都要举行一次全寨性的街头酒宴，人们一桌桌地自由围坐，喝酒聊天。席间老年人谈古论今，趁着酒兴唱起哈尼族的古老歌谣，年轻人纷纷向老辈敬酒。当老人接过酒杯一饮而尽时，满街满场的人都会齐声喝彩，“唆！唆！”的欢呼声在山寨中回荡，气氛欢乐而热烈。此情此景不由得使人联想到《诗·豳风·七月》中记录西北民众的古老歌谣：“九月肃霜，十月涤场。朋酒斯飨，曰杀羔羊。跻彼公堂，称彼兕觥：万寿无疆！”哈尼人在十月年中还要祭祖、祭霜雪神等。

从十月节的贺岁、祈年、祭祖及劳农休息的诸项节俗看，它在古代的确是一大年节，它是伴随着农事周期结束的丰收节，十月节体现了“年”的本义。《说文》：“年，谷熟也。”这种以农事周期为年度周期的时间计量方法在一些少数民族中曾长久留存，如台湾山地民族有“岁时以黍米熟为一年”。汉武帝之后，以夏历正月为岁始，春节成为全国通行的大年，因此有关新年的习俗也多集中到春节时段，十月节俗明显弱化。最典型的例子是腊祭大礼，腊祀原为丰收之后的丰年祭，汉代以后，移至正月前的十二月，以服务于新的历年。虽然在有些地方，民间还留存着十月一日“民岁腊”的说法，但已成为一种古俗的追述。（康熙《太平府志》）此后，十月节在汉地几乎褪尽铅华，成为次等节日。

三　十月初一与寒衣节节俗

但十月节毕竟有过作为岁首大节的历史，它不仅保留了“十月朝”“十月朔”的名号，而且以另一种姿态重新进入岁时体系，这就是寒衣节的诞生。寒衣节从表面上看与岁首习俗毫无干系，它回归到人们对冬寒的体验上，是与立冬节相应对的世俗节日。岁首可以随着政治权威与历法调整发生改变，但处在天地之间的人不可能脱离与自然的关系，在谋生手段较为落后的传统社会，人与自然的关系是一种被动的适应的关系。因此，服务于民众生活的岁时文化就主要表现为人对自然的应对与调适。寒衣节虽然出现较晚，但它是古代人们应对冬寒时令习俗的综合。

伴随着冬节到来的是塞北南来的寒气，在《诗经》时代，人们九月可以得到寒衣，十月泥封窗户，以作冬藏的遮避。天子在十月也换上了冬装，所谓“是月也，天子始裘”（《月令》）。这种十月添加衣服的习俗很早就成为朝廷的节令礼仪，天子执掌着天时，天子通过加上冬衣的仪式，昭告庶民：冬天已经来临。在宋朝，帝王为了显示顺应天时，在十月朔日这天的早朝时，行“授衣”之礼，“朔日朝，廷赐宰执以下锦，名曰‘授衣’”（《梦粱录》卷六）。十月节，“始服寒服”的礼俗自古相传。不仅高纬度的北方地区如此，即使在江南，如浙江同样如此。胡朴安在《湖州岁时纪》中记道：十月朔日，天气近寒，俗语云："十月朝，十家小户穿绵袄。"为了御寒，人们加上了冬衣，同时还生起了炉火。唐宋时期北方城市居民在十月一日正式生火升炉，直到来年二月才撤火，这如当今北方城市的供暖时间大体一致。不过古人对开炉的第一天特别地珍重，人们作"暖炉会"，家人好友围坐饮啖。旧时上海的"炉节"即由此而来。

当然，"红泥炉畔酒"大约只属于城居的富裕者，一般贫民感受更深的是冬日的严寒。特别令人牵挂的是那些远离家室的游子、征人与边塞戍卒，在以安居为基本生存要求的农业社会成员眼中，这些人最值得同情与关心。因此，冬日来临时，给远方的亲人寄送寒衣，成为中国古代社会特有的文化景观。尤其在战争、徭役频发的年代里，寒衣的寄送更是牵动千万人的心弦。虽然其中不乏"寒衣须及早，将寄霍嫖姚"（庾信《咏画屏风诗》）的豪情，但更多的却是"孟姜女送寒衣"式的悲凉。正如民间小曲所唱：十月里芙蓉十月一，家家户户缝寒衣；人家丈夫把寒衣换，孟姜女万里寻夫送寒衣【图 4-1】。送寒衣本是为了解除生者的寒冻之厄，但由于山川迢递，战事无常，征夫的下落难以知晓，因此人们更多的是："造得寒衣无人送！"何况这些远戍的征人

图 4-1 孟姜女小戏

大多一去不复回。唐人皮日休在诗中咏叹了此种情形："河湟戍卒去，一半多不回……处处鲁人髽，家家杞妇哀。"在生死茫茫之际，寒衣既是送给生者，也是送给死者。因此"送寒衣"在充满生离死别的征战时代成为了民众情感的寄托。民众生活世界里的这种真实情形在传统社会里自然会投射到神灵世界，人们以现实的生活方式去沟通神灵。在寒冬到来时，人们也给亡故了的亲人送去御寒的冬衣。这种寒衣最初应该是实物形式，但在唐代，由于纸业的发展，一如冥币换成了纸钱一样，送给亡灵的已是特制的纸衣。民间常说孟姜女万里寻夫送寒衣故事感动了长城内外的乡亲父老，此后，北方民间将十月初一作为追悼亡人的“寒衣节”。事实上，孟姜女传说只是当时民众情感的典型体现，顾颉刚先生对此早有精当的论述，他在《孟姜女故事研究集》中说：“一种传说的成立，全由于民众意想的结果；它所以风行，也全由于民众的同情的倾注。……孟姜女送寒衣的传说所以发生于唐末而不发生于其他时代，也只因唐代的民众的感情原是满装着‘夫妻离别’的怨恨的。”正是这样的社会现实环境赋予了寒衣节的形式与内涵。

自然，节日作为特定的文化现象，它不可能横空出世，它的出现必定有其内在的文化理路。寒衣节悼亡主题与历史文化传统深有关系，它既是古代十月年节祭祖仪礼的演化，同时也是古人视十月为“正阴之月”的知识体现，在阴气正甚时祭祀亡灵，可谓合乎时宜。《月令》《四民月令》就记述了不少十月立冬时节整饬丧纪、检查棺椁丘垅形制以及抚慰亡灵的顺应阴气的时令做法，以人文秩序适应自然秩序。当然这种适应最终是为了人事的顺遂。在冬寒到来的时节，人们在入室加衣避寒的时候，自然会联想到暴露在郊野的亡灵，特别是自己的祖灵，因此，帮助亡人度寒成为生者义不容辞的责任。人们对亡灵的孝义意识，自然是生人对亡人的情感依恋，但还有一个更重要的因素，那就是对祖先的依赖。在寒季考验的时节，人们希望祖灵赐福、保佑，形式上是给祖先送去了过冬的寒衣，实际上是从祖先那里汲取了御寒的精神力量。

宋元以后，寒衣节成为与清明、中元并列的悼亡节。地方风俗志中（尤其北方）对寒衣节俗多有记述，以元明清北京城节俗为例：元朝继承宋代节俗，“是月，都城自一日之后，时令谓之送寒衣节。祭先上坟，为之扫黄叶。此一月行追远之礼甚厚”（熊梦祥《析津志》）。明朝寒衣节更出新招，市肆以刻板印制五彩纸衣出卖，彩衣有男女不同的式样，大约一尺来长，并有包裹寒衣的纸套，在纸套上写明收衣人的姓氏行辈，及寄送者某某，如同正规的邮件。晚上在一番祭奠之后，人们呼唤着亡者的名号，将寒衣焚之于门，有的焚于墓前，这就是“送寒衣”。以焚化的形式向另一世界奉送祭品，大略始于唐朝，这很可能跟唐人全面接受佛家信仰有关。从秦汉的瘗埋到唐宋的烧祭，反映了古代社会人们精神世界的大变化。清朝北京寒衣节俗一如明朝，但有“货币化”的趋势，有人将纸钱装入包袱中焚化，送给祖先的是灵活使用的冥币而不是固定式样的寒衣。祭品的简化反映着人们信仰心理淡化的趋势，同时它也模糊了寒衣节的节俗特色，使寒衣节逐渐变成了一般的“鬼节”。

寒衣节由送冥衣向送冥币的这种变化，有商品经济发展的烙印，但恐怕更多的是与人们御寒能力增强、对寒冷的身心感受减弱有关。我们从寒衣节的地域分布的情形中也能说明这一点：十月初一的寒衣节主要流行于寒冷的北方，“送寒衣”的风俗至今在乡下传承；在南北过渡的中部地区，人们对寒衣节感受不深，在十月十六有寒婆婆生日，说寒婆婆这天过江（湖北俗说），这自然是寒潮到来的民间说法，季节上稍晚于北方；在温暖的南方，大部分地区没有寒衣节，如果过十月节的话，他们的过法更接近于古代年俗，如祭祖、饮宴、卜岁等。寒衣节在空间分布上的递减态势，反映了人文节日形态与自然环境的对应关系。

第二节 冬 至

作为二十四节气之一的冬至，在今天一般人看来，它似乎只有时令标记的意义，并且由于生存条件的改善，以及全球气候的变暖，人们已很少有对隆冬的深刻体验，寒冬不能构成致命威胁，冬节自然也就难以引起常人的注意。但在中国传统社会里，冬至是一个重要的时间节点，人们不仅将其视为时气变化的坐标，将冬至所在的月份奉为“天正”，而且它在古代也曾长期被视为一个与新年媲美的人文节日，号称“亚岁”“小岁”。

一 冬至的时间节点

其实，冬至在上古就是新年，在历法时代之前，人们通过天象观测，很早就发现了冬至点，并以此作为年度时间循环的起点。冬至居于新旧更替的时节，在古人观念中它自然也就有了非同寻常的文化意义。冬至节俗中诸多年俗内容就来源于人们对这一时节的感受。冬节与春节在岁首民俗方面有着明显的联系，人们常将冬至与大年对举，民间至今还流传着“冬至大如年”的俗语，从这句口承俗语中，可见冬至在民间生活中的地位与影响。

冬至又称长至，冬至这天离开北回归线的太阳到达了最远点，由于照射角度的关系，冬至北半球接受太阳照射的时间最短。因此，冬至成为一年中白昼最短、夜晚最长的一天。从冬至开始，太阳北归，北半球接受日照的时间愈来愈长，白昼也就越来越长，这就是湖北民谚所说的“冬至日头升，一天长一针”。古人从生活经验出发，根据光照与季节寒暖的变化，生发出阴与阳的观念，并以此理解宇宙万物的变化，认为宇宙万物的变化根源于阴阳二气的运动。四季气候的变换来源于阴阳的消长，阴阳始终处于相反相成的变化之中，阴盛则阳衰，阳盛则阴衰，阴阳协调，万物和顺。在古人的观念中，人作为宇宙的一分子自然应遵循宇宙的节律，顺应阴阳的变化发展。特别是在阴阳转化的关节点上，人应该主动顺应和助长生气，否则，人们就可能遭遇时疾。正是由于季节变化容易造成人体的不适，人们特别注意阴阳交替的时刻，对阴阳转换的时日予以充分重视。人们采取种种方式促成阴阳的顺利转化，这些关键时日的人事活动逐渐成为特定的岁时习俗。夏至与冬至就是一年中阴阳变化的两大时间点。夏至阳盛阴生,夏至节俗的中心是抑阳助阴;冬至与此相反,冬至阴气盛极而衰,一阳来复,冬至节俗自然围绕着顺阳与助阳的方向展开。在以冬至为岁首的时代,冬至还是一个盛大的年节,从后述冬至节俗中,我们不难发现冬至节中的诸多年俗内容。

二　冬至节俗

1. 拜天颁历

阴阳家的观念认为,天阳地阴,对天地神灵的祭祀亦顺应着不同的时气。在阳气发动的冬至,礼敬天神人鬼;在阴气始生的夏至,祭祀地祇物怪。《周礼·春官》:“以冬日至,致天神人鬼。以夏日至,致地示物鬽。”从历代宫廷祭祀看,人们依照天圆地方的原则,冬至圜丘祭天,夏至方泽祭地,北京的天坛就是明清帝王南郊祭天,亲迎冬至的神圣处所。帝王号称上天之子,他们作为上天的人间代表,依照天神的意志管理人事,因此与天神的沟通是帝王的重大政务之一。冬至时节的祭天活动就是一特定的天人沟通仪式,历代帝王均将冬至视为盛大的朝仪活动日,冬至节仪被称为“国之大典”,在冬至这天南郊祭天,朝会群臣与各国使节,共贺佳节。冬至时节,北斗星柄初昏时北指子位,即《尚书　尧典》所说:“日短星昴,以正仲冬。”在以北极星为时空坐标的古代，冬至是一个推算历年的重要天文点。因此，不仅历法的编订一定要考虑到冬至点，而且，历法的颁布也大都在冬至日。元朝，“太史院以冬至日进历”（《析津志·岁纪》），此后市面上才有新历流行。这种习俗播及东亚，清代朝鲜在冬至日不仅颁发历书于百官，而且有“冬至之历，吏献于官”的习俗。此种馈送历书的风俗还扩展到“乡曲亲知，墓村田庄”，颇似我们今天年终互送挂历的风气。

2. 祭祖贺冬

冬至月在古代曾在较长时期内作为岁末之月或岁首之月，殷代年终大祭“清祀”在冬至所在的十一月，清祀是以祭祀祖妣为主，兼祀百神的祭礼，它类似于周人十月的年终祭礼大蜡。汉代改用夏历后将大蜡礼移至冬至后立春前的十二月。无论是孟冬、仲冬还是季冬，作为年终祭礼的祭祖典礼，它是围绕着冬至这一时间点形成的。

在阴阳交战，寒风凛冽的时日，人们为了顺利度过新旧交接的时间关口，需要有集体的信心与凝聚的核心，因此人们求助于与自己关系至为密切的祖灵，人们在祭祀祖先的仪礼活动中返本归宗对族群关系进行了再确认。这种年终祭祖习俗历代传承：东汉民间，冬至节前数日就清洁斋戒，冬至之日，以黍米与羊羔祭祀玄冥之神（北方水神）与祖宗；（《四民月令》）宋人在冬至“祭享宗禋，加于常节”（吴自牧《梦粱录》）。明清以后南北民间依然以冬至为祭祖日，“清明扫墓，冬至祭祖”成为通行的民间俗语。清代北京的旗人在冬至祭“祖宗杆子”，祭后亲朋围坐，分吃祭过祖宗的“白肉”。

南方的福建在冬至节这天，以一种米粉做的团子祭祖；有的还在门口挂两个米团。传说它源自一个孝子的故事，说从前有一个人在山中迷了路，碰上一只母猿，并和她住在一起，母猿为他生了一个儿子，他就带着儿子回家去了。这个儿子后来做了大官，他想让妈妈回来和自己一道生活，就让家人到山里去，在通往她家的大树上都挂上米粉团，当然，家门口挂得更多。又老又饿的母猿追随着米团来到家门口，这时儿子出来迎候她，并留下她一起生活。为了纪念这个孝顺的儿子，从此人们有了冬至节挂米团的风俗。这个人与动物的婚姻故事，虽然未免神奇，但却生动地体现了人们在冬至时节对祖先的感恩情义。

祭祖活动常常与新年连在一起，从北半球回归年角度看，冬至才是真正的新年。在古代的确也曾较长时间内以冬至为新年（周朝以冬至所在的斗建子月即夏历的十一月为岁首。白族历法以十一月为岁首，白族认为“冬大年小”，冬至节十分隆重，他们杀猪宰羊，邀集亲朋好友，接出嫁姑娘来家过节），因此冬至节在古代及现今一些民族地区作为年节，民间的“贺冬”实质上就是“贺年”，现今民间冬至节中诸多习俗正是古代年俗的传承。在冬至日，王室祭天朝贺，平民百姓则祭祖团聚。

贺冬犹如贺年，冬至前夕，亲友之间相互馈送节令食品，宋人是“至节家家讲物仪，迎来送往费心机”，人们为冬节应酬颇为思量，但这些节物往往转来转去，又转回自家门下。虽然节物转回不免令人尴尬（宋人的这种遭遇，在今天也不时出现），但节物在馈送传递中已实现了亲友之间的“互惠”原则，完成了它强化亲族联系的职能。

冬至日，亲戚间互相拜贺，特别要拜贺尊长，称为“贺冬”或“拜冬”。唐人杜牧以诗的语言记述了他在冬至日接受小侄拜贺的亲情：“去岁冬至日，拜我立我旁。祝尔愿尔贵，仍且寿命长。”（《冬至日寄小侄阿宜》）冬至祝拜的习俗在南宋更为热闹，杭州最重一阳贺冬，五鼓时分，华丽的贺冬车马已奔涌于九街之上。清朝吴地还传袭着这一清晨拜冬的习俗，吴歌云：“有几人家挂喜神，匆匆拜节趋清晨，冬肥年瘦生分别，尚袭姬家建子春。”冬至馈送节礼的习俗清代吴地还颇流行，冬至节前，人们“提筐担盒”往来于道路，在当地称这些冬至食品为“冬至盘”（《清嘉录》）。看来冬至在吴地民众生活中有着特别的位置，似乎他们还保留着周朝冬至月为岁首的古俗。

3. 礼敬长上

老人是家庭的尊长，在小孩添岁的同时，尤其要为老人祈寿。为老人祈寿的民俗之一是，妇女给家里的长辈奉献新做的鞋袜，古代称之为"履长至"。这种习俗乍看只是晚辈在向长辈表示孝心，如果我们稍加探究就不难明白蕴含其中的民俗意义。此俗兴起于阴阳观念浓厚的汉代，《中华古今注》载："汉有绣鸳鸯履，昭帝令冬至日上舅姑。"曹植曾作《冬至献袜履颂》文。北魏崔浩在《司仪》中说：近古妇女常以冬至日进履袜给公婆，北朝人不穿履，当进靴，无论靴履都在于其"践长"的象征意义。靴上的文词，正体现着其"祈永年，除凶殃"的巫术动机，这种文词有"履端践长，阳从下迁，利见大人，向兹永年"等。

在一阳新生、白昼渐长的时节，年轻后辈及时给老人奉上新鞋新袜，其显见的作用是帮助老人过冬。但其更重要的是民俗礼仪意义，通过这样的献履仪式，使他们在新岁之始，以新的步履与时俱进，健康长寿。唐代洛阳人冬至戴一阳巾，明代冬至官服绘绵羊图（以羊代阳）等，都与新鞋新袜一样是冬至应节的服饰。我们今天在春节拜年时还要换上一套新衣服，以新的打扮适应着新年。虽然我们已不太注意其背后的文化意义，但仍传承着这一岁时生活的习惯。

4. 冬至节令食品

庆贺冬至的食品如冬至服饰那样，也有着顺阳助长的象征意义。冬至节令食品最典型的是馄饨，俗有“冬至馄饨夏至面”的说法。现今四时皆吃的馄饨在过去是冬至的专门食品。古人认为冬至时节阳气虽生，但阴阳包裹，阳内阴外，正与夏至相反。夏至食粽是为了剥阳释阴，冬至食馄饨却为了破阴释阳。馄饨形如鸡卵，颇似阴阳未分时的一团混沌，在阳气始生的冬至日，人们食用馄饨，以模拟的巫术形式，破除阴阳包裹的混沌状态，支助阳气生长。乾隆《河南府志》岁时民俗条记：“冬至，祀先祖，食馄饨，取阴阳胚胎，包孕浑涵。”

民间还因馄饨谐音混沌，意即糊涂不开窍，于是说吃掉馄饨，“可益聪明”。在以米食为主的南方，冬至日吃米面制成的圆形食品，称为“团子”或“汤圆”。人们在冬至日凌晨用它献神祭祖，然后阖家团聚共食，称为“添岁”，犹如今北方春节吃饺子。南朝荆楚地区冬至吃赤豆粥，这是一种有特殊禳疫功用的节令食品。根据冬腊节俗的内在关联，后世的腊八粥很可能由冬至的赤豆粥演化而来。

5. 观兆测年

冬至是时气的起点，二十四节气始于冬至，

所以传统计算时令的基点是冬至。如立春在冬至后的第四十五天，民谣就有“冬至离春四十五”；人们推算清明在冬至后一百零六日，因此说“冬至百六是清明”。冬至作为新岁之首，自然容易被人作为预知未来人事、年成的特殊时间，一如后世的元旦。在愈是不能把握自己未来命运的时代，人们愈是想预知未来的情况。

在靠天吃饭的古代农业社会，人们尤其关注未来天象气候的变化。在冬至日，人们有许多观测天象，预测年成的俗信。有据日影预测的。冬至立表测日影，是一个很古老的方法。民国雄县人仍传承着这一方法：在冬至日树起八尺的表木，以测验来岁水旱，大抵以表木长度的中分点为基准，日影中正则丰，不及则旱，过则水。这与汉代“晷进则水，晷退则旱”及中晷则“岁美”的判断标准完全一致，这种中长期的年成预报，应该说有它的经验根据。有据日出日落时的云气变化预测的。《易纬通卦验》曰：“冬至之日，见云送迎，从下乡来，岁美，民人和，不会有疾疫。无云送迎，德薄，岁恶。故其云赤者旱，黑者水，白者兵，黄者有土功。诸从日气送迎，此其效也。”还有据冬至天气晴雨判断年节天气好坏的。浙江民谚有：“晴冬至烂年边，邋遢冬至晴过年。”

6. 数九九

民间的数九游戏，也是从冬至开始数起。冬

至处于仲冬时节，是接受阳光最少的一天，但它还不是最冷的日子，由于地面热容量发散的时间效应，冬至之后才进入酷寒时节。民间数九习俗即从冬至开始，俗谚曰："算不算，数不数，过了冬至就进九。""进九"意味着严寒的到来。郧县民谚曰："冬至前后，冻破石头。"冬寒对于保暖条件简陋的古人来说，它的确构成了严重威胁，人们是掰着指头度日，为了纾解在冬寒胁迫下出现的心理危机，挨过漫长的冬季，人们很早就发明了"数九九"的游戏，从寒冬看到春日的希望。人们将从冬至开始的"数九九"的游戏，作为冬令时间的习惯表达，虽然立冬是进入冬季的时气点，但人们从身体感受出发，将冬至作为冬天到来的真正标志。

"数九九"的游戏包括《九九歌诀》与《九九消寒图》【图 4-2】两种：从宋元开始，九九歌

图 4-2 九九消寒图

诀就流传于南北各地，见诸记载最早的大约是宋人陆泳在《吴下田家志》中收录的那首："一九二九，相唤弗出手；三九二十七，篱头吹筚篥；四九三十六，夜眠如露宿；五九四十五，太阳开门户；六九五十四，贫儿争意气，七九六十三，布衲两头担；八九七十二，猫狗寻阴地；九九八十一，犁耙一齐出。"

这种九九歌，在近千年的传承中，虽有着历史与地域的变异，但其记述冬春交接的时间方式没有变化。我们从最近仍在流传的一首《九九歌》中可得到明证："一九二九不出手，三九四九冰上走，五九六九沿河看柳，七九河开，八九雁来，九九加一九，耕牛遍地走。"歌诀流传于庶民之口，它描述的是民众冬日里的时季感受及户外生活。

7. 画消寒图

消寒图则主要为闺阁女子、文人雅士所习用，他们以图画的形式标示着由冬向春的时间过程。染梅与填字是描画消寒图的两种流行方式。染梅是对一枝有八十一片花瓣的素梅的逐次涂染，"日染一瓣，瓣尽而九九出"。这种梅花消寒图最早见于明人杨允孚的记载："冬至后，贴梅花一枝于窗间，佳人晓妆，日以胭脂涂一圈。八十一圈既足，变成杏花，即暖回矣。"(《滦京杂咏》自注）胭脂红是美人的消寒图，而一般人大都是用墨色涂染梅花花瓣，从冬至日起，九九八十一瓣涂满后，人间已然又是春草绿，故近人常在消寒图旁题联曰："试看图中梅黑黑，自是门外草青青。"

还有与染梅类似的另一种涂圈方式。将八十一圈按九行排列，每行九个圈，从冬至日起，每天涂一圈，涂抹的位置视天气状况而定，阴天涂圈的上半部，晴天涂下半部，刮风涂左半部，下雨涂右半部，下雪就涂在中间。用当时人的话说，是"上阴下晴，左风右雨，雪当中"。这种消寒图称得上是天气变化的统计图。填字是对九个九笔画的字进行涂描，这九个笔画中空的字，大多组成一个独立的文句，一般是诗句，从冬至日起，每天依笔顺描画一笔，九天成一字，九九则文句成。清朝宫廷内曾有帝王御制《九九消寒图》，这种消寒图就是填字图，其九字为"亭前垂柳珍重待春风"，其语典雅，而寓意深远。

无论是九九歌诀，还是九九消寒图，看起来似乎只是一种计算冬时的游戏，但其初兴的动机未尝没有巫术的意义。它们均以九为时间单位，从传统的阴阳术数观念看，九是阳数，九字的迭加意含着阳气的增长。古人认为，冬至"一阳生"，自冬至起，阳气滋长。《史记·律书》云："冬至，一阴下藏，一阳上舒。"在阳气上升的时节，人们念叨九九歌诀，特别是涂染傲寒的梅花与象征春意的垂柳，这原本是一种招引春天的巫术仪式，用感应或模拟巫术的手段，促使春天顺利降临。随着人们知识的进步，生存能力的提高，神秘信仰淡化，原始的巫术仪式蜕变为游戏娱乐。

第三节　祭灶节

冬至一过，腊月很快来临。古代腊月最大的活动是腊祭，腊祭是年终辞旧迎新之际与祖灵、天神沟通的岁时仪式。在岁时的转接点上，依赖族群生活的人们自然要以祭祖的方式，强化族群的认同；同时对民生所系的诸神进行礼敬。腊祭在古代社会是一项严肃的活动，腊祭之前要清场，即行傩驱疫。这样腊月的节仪有三项内容：驱鬼、送神、祭祖。这三项活动集中腊日期间进行，腊日的时间在古代不太确定，汉代定在冬至后的第三个戌日，后代有变化，它大致在夏历年的最末月的月初或月末，如果要确定时间点的话，它大概在腊月初八或腊月二十三四。这也就是将夏历十二月称为腊月的由来。腊祭时有送有接，送天神归界，接祖先回家。祭送的天神中有一位就是灶神。

一　灶神的出身与神格

灶神在开始时地位并不显赫，但由于其神职的特殊，它在民间岁末祭仪中，逐渐成为主要角色。后代以“祀灶”活动替代了腊祭仪礼。本为乡邦典祀的祀灶仪礼，在其作民俗扩张的同时，灶神神格也发生了变化，神秘严肃的灶神演变为上天派往民间的耳目。人们祭祀他，又调侃他。民间祀灶态度的变化，映射着民众精神的变化。民间信仰经历了由上古复杂、神圣到中古近代简约、实用的重大变迁。

神是人的精神创造，人们对关系民生日用的事物，往往有特殊的情感，在神灵信仰浓郁的上古时代，人们自然将它们奉为神明。民以食为天，灶是烹饪食物的专门场所，如《释名》所说：灶，造也，创造食物也。生冷的食料要变成香浓的食品，离不开灶火的煎煮熏烤。中国人很早就发明了炊事灶具，古史有“黄帝作釜甑”的传说，这一传说在考古上得到了印证。据宝鸡福临堡仰韶遗址发掘报告，仰韶文化时期中国就有了构思精巧的釜灶，双釜与灶连体，且共一个火门，灶顶设有八个排烟孔。我们乡村沿用的炊灶形制在汉代已广泛流行。从原始石烤到“瓦鬲煮食”，再到釜鼎烹调，灶火之功煌煌。因此出现灶神，以及将灶神视作居家火神，就非常合乎当时人的心理，“炎帝作火，死而为灶神”（《艺文类聚》卷八十引《淮南子》，今本《淮南子·氾论训》略有不同）。灶神在先秦列为五祀（或七祀）之一。关于五祀的起源与具体名目历史上存在着歧见，根据礼学权威东汉经学大师郑玄的看法，五祀，殷商时已出现，“五祀，户、灶、中霤、门、行也”（《曲礼》注）。荆门包山战国楚墓中出土有五祀的神牌，在五块小木牌上，分别写有室、门、户、行、灶五字，显然这是墓主生前的信仰。五祀在古代是时空结合的祭礼，它依照星象天时，以族群聚居的居室为神灵分布的空间范围，根据五行原则，将其与五方四时结合，春祭户，夏祭灶，秋祭门，冬祭行（一为“井”），季夏祭中霤。

在五行生克图式中，夏季旺相属火，火神是夏之主神。由于灶与火的密切关系，因此在先秦的岁时祭仪中，夏季主祀灶神。夏季祀灶偏重在火的自然属性，从后世的民族志资料中，我们很容易明白它们之间的关系。由此可见，先秦灶神祭祀以夏日为主。但并不是说只在夏季，年终腊祭中很早就包含了祭灶的内容，所谓“腊祭先祖五祀”。年终祭祀五神，固然有岁末总祭季节神的意味，但对于与火祭有关的灶神祭祀来说，它还有着与夏日祀灶相关的特定意义。在观象授时的先秦时代，人们根据星象测定时气，大火（心宿二）曾是寒暑时节变化的重要标志，“火中，寒暑乃退”（《左传·昭公三年》）。人们以大火旦中，即清晨心宿二出现于南方中天确定为季冬，寒冬将逝；以大火昏中，即黄昏时心宿二出现于南方中天确定季夏，炎夏趋凉。在阴阳二气盛极而衰的关键时段，人们举行岁时祭祀星神的仪式，以实现天人的沟通，求得人事的顺遂。这就是夏冬两季祀灶的原义。

二　灶神的祭祀时间

从后世祭灶习俗的时间与内容中我们也不难发现原始星神祭祀的遗痕。夏季祀灶的时间在六月初至二十四日，冬季在十二月初至二十四。夏冬祭仪在时间上有着对应关系，它明显地体现了与星象的关联。彝族保存了一套古老的历法，一年有两个新年，一在六月，一在十二月。它以斗柄（北斗七星杓柄状的三星）直指上或直指下为准，上指十二月节，下指六月节。六月为星回节，俗称火把节。云南彝族六月二十四日火把节前举行祭灶礼，咏颂祭火词，说：火是衣食火，火是人魂窝。“今天来祭火，火光永不灭，大火明朗朗，火光象日月；火神藏家中，人畜得安宁”（刘辉豪《祭火》，刊于《云南民俗集刊》第三辑）。十二月二十四日仍然祀灶，但不如夏祀热闹。部分汉族地区也有夏冬两祀，清代苏州一带，夏季祀灶的时间在六月四日及二十四日，冬祀灶在十二月二十四日。不过东汉以后，由于历法的调整及人们信仰态度的变化，夏季祀灶习俗逐渐淡化，其中部分祀灶习俗转移到腊日，腊日祭灶成为年终祭仪的重头戏。从民俗志资料看，腊月祀灶的风习遍布全国，祀灶的时间北方一般在腊月二十三日，南方大都在二十四日。

三　灶神形象与祭灶仪式

1. 黄羊祭灶

祀灶祭仪由夏祀转为冬祀，它不只是时间的变化，灶神的性质也发生了重大的改变。除少数地区仍将灶神视作火神外，大多数民众已不清楚灶神的本来面目。汉代后期，腊日祀灶风习渐浓。由于人们缺乏对冬季祀灶与天文星象间联系的了解，于是产生了对腊日祀灶的新解释。《荆楚岁时记》引述了一则汉人祀灶的传说：汉宣帝时，南阳人阴子方性情仁孝，腊日晨炊，见到灶神，他赶忙礼拜，将家里的一只黄狗当作黄羊献祭。从此阴家“世蒙其福”。阴家祭灶致福，引得俗人的纷纷仿效。由这则传说看，汉末腊日祀灶已为民俗所尚；此时的祀灶祭品已由过去夏季祀灶的犬祭变化为黄羊之祭。阴氏仓促间以犬代羊，实则是合了祭灶的古意。祭灶牺牲的变化与岁时伏腊的时祭有着密切的联系，伏日磔犬，腊日祭羊，是秦汉旧俗，祀灶由夏转向冬腊，自然要与时令祭品相合。

2.“老妇之祭”与灶君、灶王

阴子方见到了灶神，灶神是何形象，没有交

待。从古代文献记录看，灶神形象有男有女，灶神在历史上有多种名号，除一般通称灶神外，民间还习称灶君【图 4–3】、灶王、司命、老妇等。先秦祭灶有祭火神，也有祭老妇。一般来说，炊事由妇女操持，由炊事而起的信仰应该有女性的成分，先秦的先炊之神，就是一女性神。所以在灶神的形象上很早就有了老妇之说，将灶神与先炊之神联系起来，人们用盆、瓶等炊器盛装食物，作“老妇之祭”。汉代，灶神有了新的形象。在方士的鼓动下，汉家皇帝“始亲祀灶”，当然那是炼丹的“仙灶”。儒家文化人对灶神为老妇之

图 4–3 灶君

说，予以否认，认为灶神是王者所祭，祭祀的是神圣有功德之人。在他们的心目中，女性当不起这样的祭祀，他们不仅在社会上将妇女驱回闺阁，在神灵世界里也尽量以男性取代女性。

东汉时的灶神已经以男性为主，出现了灶神夫妇，男名苏吉利，女叫王抟颊。灶神的女性形象在民间信仰中一直若隐若现，《庄子·达生》篇称“灶有髻”，晋人司马彪采录民间传说释“髻”：“髻，灶神，著赤衣，状如美女。”唐朝这一传说仍有流传，并且添加了新成分，灶神姓张名单，字子郭，夫人字卿忌，他还有六个女儿。灶神姓张，与天上的玉皇攀上了亲戚，这与道教系统整理神仙谱系有关。灶神家庭的出现，反映世俗社会伦理意识的增强。无论灶神如何变化，他始终离不了女性的陪伴。由于腊日祀灶与季冬行傩有关，后世人们又称灶神夫妇为傩公傩婆，也叫灶王爷和灶王奶奶。女性形象的不易抹去，既有信仰传统的原因，也与女性在居家生活中的家务分工有关。由于男权的扩张，中古之后，在灶神家庭中女性成为配角，在祭仪中，女性被剥夺了祀灶的资格，俗有“女不祭灶”之说，如宋人所咏“男儿酌献女儿避”（范成大《祭灶词》）。

灶君的名称在战国时已出现，当时有人说晚上“梦见灶君”（《战国策·赵策》）。据《梦书》解梦说，梦见灶神，担心娶妇嫁女。可见此时灶君信仰与人间婚嫁有关系。灶王的敬称大约出现在道教发展的唐朝，李廓《镜听词》“匣中取镜祠灶王，罗衣掩尽明月光”（《唐诗纪事》卷六十），描述了夜晚取镜祭祀灶神的情景。灶神由君而王，它不仅仅是称呼的变化，表明灶神职司的扩大与地位的上升。民间至今仍有“二十四夜敬灶王，供上糯米打白糖”的俗谚。

3. 司命神与家庭监察神

以司命称灶神，是灶神神格的新变化。司命本来是文昌宫星神，主司人寿。古礼有槱燎之祭，积薪燔柴祀司中、司命。司命星神在汉代属于郊祀的对象，由“荆巫”祠祀。东汉时期民间“独祀司命”，这时的司命已偶像化，人们将一尺二寸长的木头刻成司命神像，无论行居都要奉祀（《风俗通义·祀典》）。由于司命祭祀方式是积薪燔柴，烟熏火燎的祭祀使人们易于将它与灶神发生勾连。魏晋时期，灶神中开始接纳古代司命信仰。葛洪在《抱朴子·内篇》中说：灶神在每月的最末一天，都要上天报送一次人间过错，罪过大的人减寿三百天，罪过小的减一日。人寿原本由司命【图 4-4】执掌，这时灶神却接过司命的职责。正是司命与灶神职责权限的混淆，后世民间才将灶神径直称为司命。司命在民间地位显赫，在南方乡村农家中堂上仍能见到“本门宗祖”与“东厨司命”并列的神位。

图 4-4 司命

4. 祭灶与媚灶

魏晋以后的灶神成为天神监察下界的耳目，他常驻人家，与百姓朝夕相处，监视着民间的一举一动。民间日常生活中免不了磕磕碰碰，人们担心灶神打小报告，于是跟灶神套近乎，俗称“媚灶”。向神灵献媚是民间信仰中的常见方式，不过在灶神祭祀上，表现得更为生动。由于灶神与人关系紧密，人们对他既敬重又亲昵，常常在奉献祭品的同时，对灶神进行着善意的调侃，甚至戏弄。祭品，各地各时期不尽相同，但荤类不外鸡犬羊猪等，素类有麦芽糖、糯米团、瓜果枣豆等。汉唐时就已用猪头祀灶，据说猪头祭灶，“令人治生万倍”。宋代民间依然传承着这一祀灶习俗，即使贫寒之家也不能免俗。穷愁潦倒的吕蒙正乡居时，逢腊月二十三日祭灶，蒙正不得已向屠户赊肉数两，当时肉店老板不在，老板娘可怜他，赊给他了。屠夫回来知道此事后，很生气地找蒙正要肉，这时肉已在锅，屠夫竟捞起而去。蒙正叹息，因焚诗代胙，诗云：“一炷清香一缕烟，灶君今日上朝天；玉皇若问人间事，为道文章不值钱。”一般人家在腊月都认真地上演着祀灶短剧，范成大《祭灶词》对此有细致的描绘：

> 古传腊月二十四，灶君朝天欲言事。云车风马小留连，家有杯盘丰典祀。猪头烂熟双鱼鲜，豆沙甘松粉饵团。男儿酌献女儿避，酹酒烧钱灶君喜。婢子斗争君莫闻，猫犬触秽君莫嗔。送君醉饱登天门，杓长杓短勿复云，乞取利市归来分。

范氏以诙谐笔调为我们勾画了一副饶有趣味的祭灶图。宋人以这种请吃请喝、“送红包”的形式贿赂灶神，让他醉饱上天，不要议论人间长短，回来时最好还带些资金来。

宋东京（今开封）人祭灶更简捷，在灶上贴灶马，用酒糟涂抹灶门，称为“醉司命”（《东京梦华录》）。这是让灶神醉醺醺地上天，糊糊涂涂地交差了事。但老让灶神这副醉汉模样，似乎也不太合适，于是人们又采用了另外的方式，用胶牙饧即麦芽糖祀灶。“盘中有饴凝作脂，愿神口舌甘如饴”（陈荐夫《祭灶行》），这种黏度极高的糖，不仅粘住了灶神的嘴，也甜了灶神的心。这样灶神就应人们所请：“好事传上天，坏事丢一边。”对于不吃请的灶神，人们也有预防的办法。据说灶神平时要记人间过错，屋尘蛛网是他的记事本，为了去掉灶神的备忘录，人们在祀灶这天同时“家皆扫屋尘”。扫尘本来是为了干干净净过大年，民间却将它与祀灶活动串连起来，赋予它以民俗意义。民间信仰就是这样服务着民众生活。

5. 跳灶王

后世灶神信仰不仅复合了星神崇拜的内容，还将古代岁末行傩驱疫的时季仪式归并到了灶仪中。“乡傩礼失求诸野，小鬼应犹畏灶君。”（方回）元明以后，人们称腊月的驱傩为“跳灶王”或“调灶王”。每到岁末贫者和乞丐三五成群，扮成钟馗、灶神到人家乞讨，这种假面驱傩，登门“逐疫”的仪式是古代腊日的主要活动。清代江苏地方的“跳灶王”，从腊月朔日起，至二十四止。（顾雪亭《土风录》）通过祀灶的一系列活动，达到“正神送上天，恶鬼驱出门”的目的，实现日常时空的净化。

年前的去旧是为了迎新，在旧已去、新未到的休废日期间，即灶神等一干神灵上天换岗的那段日子，是民众为自己设计的调节社会生活的特定时段，民间有“乱岁”之说。在“乱岁”的日子里，人间无神管辖，人们办事可以自由选择时日，尤其是婚嫁大事。吴地将这段时间操办婚事的，称为“趁乱岁”。岁末年终，人们有了闲暇与积蓄，对于平时难得有精力操办大事的人来说，这是一个好时机。因此，人们根据现实生活需要，发明了这一特殊的时间民俗。可见，在传统社会里民众生活秩序是依赖着民俗进行调节的。由灶神信仰的种种情形，我们不难明了传统中国民众处理问题的一般方式，他们对待管制者并不是简单的服从，而是抓住他们的弱点，采取种种手法对其作适宜的控制与利用。民众信仰既功利实用，又符合生活逻辑，虽然有时显得滑稽，但不免令人警醒。

在物质保障并不充足的传统社会，冬天的风土让人们兴起特定的保障民俗，以安全度过冬寒时节。人们注意调动非现实的超凡力量，在对祖先、神灵与自然的礼敬中获得精神的支撑。

参考文献

1. 宗懔著，谭麟译注：《荆楚岁时记译注》，武汉：湖北人民出版社，1999 年。

2. 孟元老：《东京梦华录》，北京：中国商业出版社，1982 年。

3. 周密：《武林旧事》，北京：中国商业出版社，1982 年。

4. 蒲积中：《古今岁时杂咏》，沈阳：辽宁教育出版社，1998 年。

5. 潘荣陛：《帝京岁时纪胜》，北京：北京古籍出版社，1981 年。

6. 富察敦崇：《燕京岁时记》，北京：北京古籍出版社，1981 年。

7. 顾禄：《清嘉录》，南京：江苏古籍出版社，1999 年。

8. 胡朴安：《中华全国风俗志》，石家庄：河北人民教育出版社，1986 年。
9.《中国地方志民俗资料汇编》，北京：书目文献出版社，1989 年。
10. 韩养民等：《中国古代节日风俗》，西安：陕西人民出版社，1987 年。
11. 陈久金、卢莲蓉：《中国节庆及其起源》，上海：上海科技教育出版社，1990 年。
12. 宋兆麟等：《中国古代节日文化》，北京：文物出版社，1991 年。
13. 高占祥主编：《中国民族节日大全》，北京：知识出版社，1993 年。
14. 赵杏根：《中华节日风俗全书》，合肥：黄山书社，1995 年。
15. 乔继堂等：《中国岁时节令辞典》，北京：中国社会科学出版社，1998 年。
16. 杨琳：《中国传统节日文化》，北京：宗教文化出版社，2000 年。
17. 萧放：《〈荆楚岁时记〉研究——兼论传统中国民众生活中的时间观》，北京：北京师范大学出版社，2000 年。
18. 萧放：《岁时——传统中国民众的时间生活》，北京：中华书局，2002 年。

后 记

进入 21 世纪以来，传统节日在中国出现复兴与重建的势头。在政府、民间的通力合作之下，我们的重要的传统节日列入了国家公假制度，传统节日作为现代社会时间生活的组成部分，重新回到民众生活之中。这是值得书写的文化大事。作为一个长期专门从事民俗学研究的学者来说，我也感到特别欣慰。

节庆是民族文化传承与民族文化认同的重要时间点，是民众艺术展示的舞台，也是民众情感表达与宣泄的机会。节庆在传承文明、和谐社会方面有着其他文化形式不能比拟的优势。丛书主编冯天瑜先生将《节庆》纳入《中华文化元素》丛书之中，显示了他对中华传统民俗文化的重视与阔达的文化情怀。在长春出版社编辑的联系与促勉下，我承接了《节庆》的撰写任务。

虽然，本人近十多年来，主要从事节日研究，也出版了一些节日方面的专门著作，但这次以图文结合的方式，解说传统节庆，还是有新颖的感觉。在写作与图片选取时，本人也颇费心思。需要说明的是：书中大部分图片为本人近年的积累，也有一些精彩照片，来自朋友的拍摄，我在图片附注中已经说明，在此特别感谢他们。本书旨在传播传统节庆文化，限于个人学养，能否达到目的，不敢逆料，静候方家批评指正。感谢冯天瑜、姚伟钧主编的审稿意见，感谢长春出版社编辑的辛勤劳动。

谨以本书献给我已故母亲邓春芳女士，她早起为全家人烹制团圆年饭时忙碌的身影，是我儿时最鲜明的记忆。2013 年初，本书初稿修改完成时，我曾在原后记中说：“在癸巳蛇年到来之际，祈愿母亲健康长寿。”没有想到书稿尚未定稿付梓，老母亲已于 2013 年 5 月 25 日仙逝，此为人生憾事。我今后只有更加努力，以不负先人。

我自 2015 年 5 月随着北师大一级学科调整由原来的文学院调入新成立的社会学院，在学院的人类学民俗学系担任教职，拙作可能是在新单位出版的第一本著作，期待它在未来的节日文化传播中发挥些许作用。

萧放

乙未年腊月初五谨记于北京